이젠
아빠를 부탁해

지은이 | 정병길
가족 응원글 | 임화자, 정용호, 정상훈

비움과 채움

시작하면서

이윽고 완고한 아버지 입에서 탄식과 같은 말이 나왔다.

– 부탁헌다…… 니 엄마…… 엄마를 말이다.[1]

소설 '엄마를 부탁해'에서 아버지가 딸에게 애절하게 부탁하는 장면이다. 이제 엄마를 부탁하는 그 아버지, 젊은 지난날 그는 매우 가부장적이며 가사에는 건성이었다. 자식들은 아직 어렸다. 그래서 엄마는 모진 세월과 가난을 몸과 마음으로 감내하며 자식들을 건사하고 후대를 이어가야 했다. 그 엄마는 참으로 인고의 세월을 살았다. 이 땅의 엄마들의 숙명이었던 것을…….

자식들이 성장하고 엄마가 이제 허리 좀 펴려하자, 그 엄마는 가족과 생이별을 하게 된다. 진정 그 엄마는 자녀들한테 부탁받을 만 했다. 아니 전 국민이 그 엄마를 찾기 위해 가슴을 조이고 마음 아파했다. 뒤늦게 엄마를 부탁하는 그 아버지는, 그리 완고하며 눈물도 없는 이 땅의 아버지들의 상이다. 그런데 과연 그럴까?

아니다.

이 땅의 아버지들, 그들 역시 고난의 세월을 살았다. 일제 식민지하에서 전전긍긍 신음했고, 6.25 전쟁의 회색지대에서 처자식과 함께 살아남으려고 몸부림쳤다. 군사독재시대에는 가면을 쓰

1 신경숙, 『엄마를 부탁해』, 창비. 2009, 198쪽

고 살아야 했다. 이 나라가 산업화되면서는 그 주역이 되어 온힘을 다해 뛰었다. 보람도 컸고 이제 살만하다고 생각했다.

어느 날 외환위기라는 태풍이 지나가고 글로벌위기라는 쓰나미가 쓸고 갔다. 세상 민심이 흉흉해졌다. 세상은 승자독식으로 양극화가 되었다. 술 한 잔 하면 그 무서운 호랑이를 맨손으로 때려잡고 날아가는 총알도 잡는다고 호언하지만, 가까스로 살아왔던 고단하고 부끄러운 삶을 억설하는 것이다. 누가 알아주지도 않건만 큰소리치며 마시는 술잔엔 회한이 가득하다.

많은 아부지들이 흘러갔고, 많은 아버지들이 은퇴했나. 또 많은 아빠들이 등장한다. 흘러간 아부지들, 추억도 이제 희미하다. 막 은퇴한 아버지들, 이 시대들어 아직 갈 길이 멀다고 한다. 갈 길은 먼데 갈수록 길은 보이지 않는다. 새로 아빠가 되어 세상을 한창 살아가는 젊은 아빠들, 선대들은 좋은 세상이라고 말들 하지만 자나 깨나 경쟁에 찌들고 각박한 삶이 이어진다.

고난의 세월과 갈등의 긴 회색지대를 살아오면서 이제는 백발도 세어버린 아부지들, 평생 죽어라 일하다 금방 은퇴하였으나 쉴 처지가 못 되어 일자리를 찾아보나 문전박대만 당하는 아버지들, 그리고 겉은 말쑥하지만 벌써 속이 시들은 젊은 아빠들……. 그들은 무거운 그 멍에를 숙명적으로 지고 가는 이 땅의 모든 아버지들의 군상이다. 이제 이 아빠들을 부탁한다.

제1장. 이 시대 아버지 군상

제2장. 아빠, 그들이 사는 세상

제3장.

이 시대 아빠들이여, 당신들에게 부탁해

제4장. 이젠 아빠를 부탁해

제1장

이 시대 아버지 군상

식민통치에 항거하는 슬픈 백성들, 종묘공원의 월남 이상재선생 동상 뒤 벽면 부조

“이제는 백발도 세어버린 회색지대에서 살아남은 마지막 아부지들,
50~60대의 은퇴했거나 은퇴를 앞둔 아버지들, 30~40대의 가장으로서의
역할을 펴나가고 있는 아빠들…….
무거운 멍에를 걸머지고 이 시대를 살아가는 슬픈 아버지들의 군상을 본다.”

01 ▸▸▹

결코 영광스럽지 못한 독립운동가 후손인 어느 아부지들

"내가 어렸을 때 '밥 한 번 실컷 먹어봤으면 좋겠다.' 고 했어. 모친께서 한(恨)이 되셨는지 90살 때 쓴 회고록에 적어두셨더라고. 그 많던 전답을 팔아 독립운동했는데 먹을 게 없어서 굶고 있는 현실이 답답하셨던 게지."

상하이 임시정부 초대 국무령(총리) 석주(石洲) 이상룡(1858~1932년) 선생의 증손 이항증(73)씨는 뉴시스와 인터뷰에서 독립유공자 가족들이 겪어야 했던 고단한 삶을 이같이 회고했다.

석주 선생은 경남 안동의 거유(巨儒)로 국권침탈 직후인 1911년 일가를 이끌고 만주로 망명, 독립운동을 했다. 경학사(耕學社)를 세워 간도에 벼농사를 보급했고 가산을 모두 정리해 우당(友堂) 이회영 선생 형제 등과 신흥무관학교를 세웠다.

"그 많던 재산 다 독립운동하는 데 썼지. 애들을 가르쳐야 하는 데 돈이 없잖아. 학교에서 쫓겨 오기 일쑤였어. 그리고 1950~1960년대는 독립운동했던 사람들을 죄인 다루듯이 했어. 빨갱이(사회주의자)와 동급이었지. 독립운동하셨던 어른 중 한 분이 북을 택하셨는데 연좌제 때문에 고생 많이 했어. 독립운동하셨지만 이념 때문에 역사에서 사라진 분들이 많아. 구천에서 그분들 혼이 떠돌고 있을 거야."[1]

어느 독립운동가 자손의 인터뷰 내용이 가슴을 메이게 한다. 나라의 독립을 위해서 온 재산을 헌납하고, 모든 가족이 희생한 독립운동가들의 후손들이 냉대 받으며 사는 이 나라다. 이런 나라가 세상에서 이 나라 대한민국 아니고 또 있을까? 물론 한 두 사람이야 행정 착오가 있어서, 또는 운이 너무 나빠서 그럴 수가 있을 것이다. 하지만 다수가 이런 처지에 있다면 큰 문제가 아닐 수 없다.

몇 해 전 광복절에는 단재 신채호 선생 후손들의 기막힌 사연을 들은 바 있다. 해방 뒤 정부는 일제 때 만들어진 호적에 올라있는 사람만 대한민국 국적을 부여했다. 따라서 일제 식민통치의 항의 표시로 호적 등재를 거부한 단재 신채호 선생 같은 분들은 사실상 무국적자가 되었다. 그래서 옛 호적이 없는 이들은 광복이 된 내 나라에서도 가족관계등록부를 만들 수 없었다. 이에 신채호 선생의 아들은 세상을 떠나고 없는 가운데 신채호 선생 며느리 이덕남

1 이재우 기자, 뉴시스, 2012.8.15.

여사 등 그 후손들이 눈물겨운 법정 투쟁 끝에, 서울가정법원으로부터 가족관계등록부 창설 허가를 얻어냈다는 것이다.

'내가 죽은 뒤에 내 뼈를 하얼빈 공원 옆에 묻어두었다가 우리 국권이 회복되면 고국으로 반장해다오. 나는 천국에 가서도 마땅히 우리나라의 국권회복을 위해 힘을 다할 것이다. 너희는 돌아가서 동포들에게 각각 모두 나라의 책임을 지고 국민 된 의무를 다하며 마음을 같이하고 힘을 합하여 공로를 세우고 업을 이루도록 일러다오. 대한독립의 소리가 천국에 들려오면 나는 마땅히 춤을 추며 만세를 부를 것이다.' [2]

이는 우리의 큰 영웅이자 사상가인 안중근 의사의 유언이다. 그런데 그 후손들은 어디서 무엇을 할까? 부인 김아려 여사와 사이에 둔 그 후손들의 소식은 슬프게 전해진다.

안중근 의사의 딸인 안현생씨(1902~1960)가 생전에 대구가톨릭대의 전신인 효성여대에서 불문학 교수로 재직한 기록이 발견됐다. 안 의사의 2남1녀 중 장녀인 현생씨는 8살에 아버지를 여읜 뒤 프랑스인 신부의 보호 속에서 10대 때 러시아와 중국 상하이에서 불문학과 미술을 공부했다. 이후 서울로 이주했다가 한국전쟁 때 대구로 피란, 효성여대에서 학생들을 가르쳤다. 수복 후 서울

---

2 이수광, 『불멸의 기억』에서 재인용, 추수밭, 2009, 292쪽

에서 생활하다 58세를 일기로 타계했다.[3]

이는 안중근 의사 큰 딸의 뒤늦게 알려진 행적이다. 일찍이 큰 아들 안분도는 안의사 순국 후인 1911년 여섯 살 때 일제 밀정에게 독살되었다고 전해한다. 둘째 아들 안준생은 변절자로 친일행각을 했다는 기록을 볼 수 있다. 그런데 여러 자료를 보아도 안중근 의사가 순국한 뒤, 그 가족이 국가나 사회로부터 보호 받았다는 기록은 보지 못했다. 그들이 얼마나 기구하게 살았을까를 짐작할 수 있는 것이다. 특히 둘째 아들인 안준생의 친일 행각은 비난을 많이 받고 있다. 누가 친일 행각을 했던 비난 받아야 하는 것은 당연하다. 그러나 어려서부터 조국의 보호를 받지 못한 그에게, 일제의 회유와 세뇌가 어찌하였을지 짐작할 수 있다. 그래, 그런 그에게 돌을 던질 수 있는 자, 누구 있을까?

이들은 이후 무려 6,000리를 걸어 중국 중경에 위치한 대한민국 임시정부를 찾아간다. 그리고 그곳에서 조선독립군의 정신적 지주이며 상징인 백범 김구 아래서 독립군 부대에 편성된다. 장준하가 일본군에서 탈출한 후 무려 5개월 24일이 걸린 1945년 1월 31일의 일이었다.[4]

장준하 선생, 그이는 일제강점기에는 일제와 싸우고 광복 후에

---

3 경향신문, 2010.3.25.

4 고상만, 『장준하, 묻지 못한 진실』, 돌베개, 2012, 41쪽

는 독재와 싸웠다. 그리고 의문의 죽음을 맞는다. 그의 후손들은 사회의 갖은 박해를 받아가며 그 '의문의 죽음'에 피를 말리는 싸움을 40년 가까이 이어가고 있다.

이 나라 독립운동가들, 온 재산과 생명을 바쳐 일제의 식민통치와 싸웠다. 조국을 광복을 위해서 가정이나 자식들은 돌볼 겨를이 없었다. 그분들은 저 세상에서도 나라의 광복을 위해 힘을 다 했을 것이다. 그런데 많은 그 후손들은 그 선대의 헌신과 희생으로 광복을 얻은 대한민국에서 냉대를 받거나 정부와 싸우는 것이다. 이상한 나라의 어처구니없는 사람들이 사는 방식인 것이다.

왜 이런 일이 벌어지게 되었을까? 가장 큰 원인은 광복 후 친일파가 득세하였기 때문이다. 친일파가 득세할 수밖에 없었던 우리 역사는 참 아이러니하다.

2차 대전 후 승전국인 미국은 패전으로 머리 숙인 일본을 아시아 무대의 교두보로 삼아 아시아 진출을 꾀한다. 이에 아시아의 질서가 다시 꼬이게 된다. 우리를 식민통치하다 패전한 일본이 사죄는커녕 다시 큰 소리 치는 형국이 된 것이다. 덩달아 일본의 패망으로 숨죽이며 반성을 고심하던 친일인사들은 반성은커녕 다시 득세하여 더 큰소리치는 코미디 같은 세상이 된 것이다. 이렇게 단죄의 첫 단추부터 매우 잘못 꿰진 것이다. 세상은 꼬일대로 꼬이고 백성들의 정서는 뒤죽박죽 될 수밖에 없었다. 그 와중의 백성들은 우선 입에 풀칠하기에 바빴다.

과거는 그렇다고 치자. 지금 대한민국은 승승장구하여 세계경제대국의 대열에 합류하고 있으며, 이제는 이 대한민국을 부러워하는 나라들이 많다. 경제부문 뿐만 아니라 예술문화면에서도 마찬가지다. 올림픽에서는 금메달 선두주자 대열에 들어섰고, 영화 부문에서는 세계최고의 황금사자상도 잡아왔다. 한류의 붐 가운데 싸이가수의 강남스타일은 세계를 흔들흔들 하게 한다.

여기까지 이 나라가 어떻게 이어져 오고 살아났는가? 나라의 명맥이 끊기려는 위기와 곡절이 너무 많았다. 그 때마다 온 재산과 생명을 헌신한 숭고한 분들의 희생과 리더십이 있었다. 헌데 전해지는 그 후손들의 통한의 얘기를 들을 때마다 가슴 아프고 암울하다.

그 가운데 고위관리들은 제 살길 챙기느라 이 백성들의 안위는 뒷전이다. 탐욕스런 부자들은 어떻게라도 재산을 더 늘리고 자식에게 더 물려주려고, 불법 탈법으로 비자금을 만들고 차명 재산을 쌓는 등 수단 방법을 가리지 않는다.

이 시대라 해서 덕망 있는 관리가 없을까마는, 지금 세상이라 해서 의로운 부자가 없을까마는 탐관오리와 패악한 부자에 가려져 보기 힘들다. 누군가가 '악화는 양화를 구축한다.' 고 했는데 이 경구는 경제뿐만 아니라 모든 세상살이에 적용되는 법칙인가보다.

'독립운동가 그분들이 세상에 다시 태어나, 나라가 위기에 처한다면 또 독립운동을 할까?' 라는 참으로 죄송스러운 의문이 든다. 만약 '내가 독립운동가의 후손으로 태어났다면 어땠을까?' 또 '만약 나라가 국난에 처하면 나는 어떻게 행동해야 할까?'

이러한 물음에 대해 모두 고민하고 답해야 한다. 그리고 좋은 답을 찾아내야 한다. 그래야 나라의 길이 있고 희망이 있다. 또 그래야 나의 후손의 장래가 있으며 대한사람 대한으로 길이 보전할 것이다.

02 ▸▸▹ 이제는 백발도 너무 세어버린 아부지들

17살에 돈 벌러 간 그곳에선
12시간 막일에 주먹밥 하나
징용이었고, 월급은 없었다.[1]

그들은 나라의 주인이 없고 젊다는 이유만으로, 일제의 속임수에 넘어가 강제 노역에 동원되어 노예보다 더 처참한 생활을 했다. 나아가서는 강제 징용으로 이어지기도 했다. 그중 많은 분들이 이미 죽고 살아남은 이들은 평생 한과 고통을 안고 살아야 했다.

광복 후에도 그들의 조국에 그들 편은 거의 없었다. 대한민국 정부나 법원의 항소심까지도 '일본 법원의 말이 맞다.' 거나 나 몰

1 김지훈 기자. 한겨레신문, 2012.5.25. 2면

라라 했다. 하기야 저들은 아직도 일제치하의 황국신민의 후손으로서 천황의 은덕이 뼈속까지 박혀있는지 모른다.

이제는 백발도 세어버린 그 아부지들에겐, 힘없는 이 땅의 민초들의 응원이나 '양심적 일본인' 들의 온정어린 지원만이 한줄기 희망의 끈이었다.

그들의 생의 빛이 거의 바래버린 오늘에야 대한민국 대법원은 그들의 주장을 듣고 획기적인 판결을 내렸다. 이제야 대한민국 법원이 일제로부터 독립했나 보다. 이번 판결은 그 아부지들에게 불행 중 마지막 한줄기 빛이 되었을까?

대법원 재판부는 "피해자들이 이번 소송에 앞서 일본에서 낸 소송을 일본 법원이 기각한 것은 한국에 대한 식민지배가 합법적이라는 전제 아래 내린 판결로, 이는 일제강점기 강제동원 자체를 불법으로 본 대한민국 헌법의 핵심적 가치와 정면으로 충돌한다."며 "일본 판결을 그대로 인정하는 것은 한국의 선량한 풍속이나 사회질서에 위반한다."고 밝혔다.[2]

재판부는 이어 "한-일 청구권 협정은 국가권력이 관여한 불법행위에 대해 손해배상을 청구할 수 있는 개인의 권리까지 적용 대상에 포함했다고 보기 어렵다."며 "청구권 협정으로 개인 청구권이 소멸되거나 한국의 외교적 보호권이 포기된 것으로 봐서는 안 된다."고 밝혔다.

---

2 김정필 기자, 한겨레신문, 2012.5.25. 1면

이분들은 이제 이 세상에 얼마 계시지 못할 분들이다. 따라서 대한민국 정부가 적극적으로 나서야 한다. 우리 정부나 국회는 북한 동포의 인권문제까지도 몹시 고심하고 이를 위해 노력한다. 탈북자 인권 문제에 고심하다 탈진한 국회의원도 있었으니 얼마나 비장한 일이냐.

허나 바로 앞에서 처참한 삶을 살아가고 있는 일제하의 강제 징용, 강제 징병, 성피해 여성 등 그분들의 인권이나 삶에 대해서는 얼마나 관심을 가졌었는지 묻지 않을 수 없다. 이미 가셔버렸거나 이제 너무나 나이 많은 할아버지 할머니가 되어 얼마 계시지 못할 그 분들, 그리고 그 후손들, 모두 그만 이 땅의 고통의 수레바퀴에서 내리도록 해야 한다.

03 ▸▸▷

6월, 그리고 잊혀진 그 아부지들

이 대통령은 이날 6인의 이름을 일일이 불렀다. 이들의 이름을 딴 여섯 척의 고속함도 거명했다. 그러면서 "조국이 그들을 불렀을 때 그들은 바로 거기에 있었다. 그리고 온몸을 던져 조국을 지켰다."며 "조국은 그들을 결코 잊지 않을 것"이라고 말했다. 이어 "지난 10년 동안 국민의 가슴속에 묻혀 있던 여섯 순국 용사들은 이제 우리 바다를 지키는 수호신으로 다시 태어났다."고 했다.

…(중략)…

이 대통령은 군통수권자로서 단호한 대처를 약속했다. 그는 "저는 국군 통수권자로서 대한민국을 철통같이 방위할 것"이라며 "어떤 도발에도 단호히 대응하고, 어떠한 침공에도 과감히 맞서 대한민국을 굳건히 지켜나갈 것"이라고 말했다. …(중략)…

이어 유가족들에겐 "아버지 · 어머니가 보내줘야 하늘나라에 있는 윤영하 소령도 마음이 편할 거다. 자랑스럽게 생각하시고 슬퍼하지 마라"고 위로했다. 이 대통령은 하선하며 다시 몸을 돌려 함을 향해 두 번째 거수경례를 했다. [1]

제2 연평해전 10주년 기념식 관련 이명박 대통령의 행보다. 이 대통령의 국방의식과 보훈 유족에 대한 배려를 엿볼 수 있다. "저는 국군 통수권자로서 대한민국을 철통같이 방위할 것"이라고 재표명하기도 했다. 여기서 이 대통령은 2002년이 북한과 교류가 본격화하고 한 · 일 월드컵이 열렸던 해란 점을 거론했다. 그러곤 북한의 도발을 비난했다. 당시의 느슨한 안보태세에 대해서도 지적했다.

제2 연평해전은 2002년 6월 29일 오전 서해 연평도 서쪽 해상에서 북한 경비정의 선제 기습 포격으로 시작된 남북 함정 사이의 해전이다. 대통령의 말씀대로 '2002년이 북한과 교류가 본격화하고 한 · 일 월드컵이 열렸던 해' 인지라 북한의 기습 도발은 상식을 벗어나는 극히 야만적인 행위임에 틀림없다. 그럼에도 우리 해군은 즉각 대응해 바로 북한의 도발을 과감히 응징했다. 물론 여섯 용사의 순국이 있었고 여러 용사의 부상 등 피해도 컸다.

한데 대통령의 말씀 중엔 뭔가 좀 혼란스럽다. 당시의 느슨한 안보태세만 지적한 것이다. 거기에다 천안함 폭침과 연평도 포격 도발을 걸어 놨다. 본인의 임기 중에 발생한 천안함 폭침과 연평도 포격 도발에 대한 안보태세에 대해서는 전혀 언급이 없다.

---

1 고정애기자, 중앙일보, 2012.06.30. 3면

그 제2연평해전은 저들의 기습도발에도 우리 해군의 즉각 대응으로, 저들이 혼이나 퇴각한 해전이다. 그에 비해 천안함 폭침이나 연평도 포격 도발은 거의 일방적으로 당한 것 아닌가? 사실 이 대통령은 본인 임기 중에 일방적으로 당한 안보태세에 대해 반성하고 사과해야 했던 것이다.

지난 2일 밤 강원도 고성군 22사단에서 철책을 넘은 뒤 소초 문을 두드려 귀순한 북한 병사는 3중 철책을 넘은 직후 귀순 의사를 밝히기 위해 철책선 바로 옆 초소로 갔지만 남쪽 병력이 없었던 것으로 드러났다. 북한 병사는 '초소→경비대 숙소→생활관(소초)' 등지를 헤매며 3차례 이동한 뒤에야 가까스로 귀순 뜻을 전할 수 있었던 셈이다.[2]

최전방에서 군 생활을 해 본 사람이면 북한에서 철책을 넘어 남한으로 귀순한다는 것은 무모하고 거의 목숨을 포기한 행위임을 알 수 있을 것이다. 몇 겹의 장애물과 감시 장비 및 감시 병력을 뚫어야 하기 때문이다. 그런데 이 병사는 귀순을 감행한 것이다.

그러나 아무런 제지 없이 너무 쉽게 넘어왔다. 너무 쉽게 넘어온 반면, 귀순 접수하는 게 더 힘들다. 그래도 운이 좋은 편이다. 귀순 접수를 못하고 민가로 내려갔더라면 여지없이 무장공비로 몰렸을 것이다. 철통같은 방위를 외치던 대통령은 이 와중에도 며칠 후 연평도에 느닷없이 나타나 목숨 걸고 나라를 지키라고 열변

2 하어영 기자, 한겨레, 2012.10.13. 16면

을 토한다.

6·25 참전유공자 중 현재 생존해 있는 분은 약 17만 명이다. 평균연령은 82세로, 매년 1만~1만5000명이 타계하고 있다. 49%가 병마와 싸우고 있고 87%는 생활고에 시달리고 있다. 국가가 이분들에게 제공하는 금전적 혜택은 12만 원의 참전명예수당과 10~60%의 의료비 감면이 사실상 전부다. 기초생활보장법에 정해진 1인당 최저생계비(55만3000원)에도 못 미치는 월평균 49만 원의 수입으로 이분들은 힘겹게 살아가고 있다. 6·25전쟁 62주년을 맞은 대한민국의 부끄러운 자화상이다. [3]

참전 유공자들에 대한 참 부끄럽고 죄송한 내용의 기사다. 물론 참전용사를 비롯한 국가유공자들에 대한 예우가 상식에 미치지 못한 것은 이 정부 들어서만은 아니다.

다행히 새누리당 이장우 의원 등 34명의 국회의원이 참전유공자들의 처우 개선을 위해, 참전명예수당을 1인당 최저생계비의 50%로 정하고, 향후 5년간 단계적으로 상향 조정하는 내용인 '참전유공자 예우 및 단체 설립에 관한 법률 개정안'을 공동 발의하였다고 하니 다소 위안이 될 것이다.

내가 어렸을 때 팔다리가 없이 보조로 팔이나 다리에 쇠갈고리 달고 동냥하는 거지들이 있었다. 소위 '상이군인'이라 했다. 부모님이 계시지 않을 때 그들이 집에 오면 어찌나 무서웠든지 숨거

---

3 중앙일보 사설, 2012.06.25.

나, 들키면 쌀독의 쌀을 퍼 주면서도 무서웠다. 부모님처럼 조금 주자니 그들이 무서웠고, 많이 주다 흔적이 남으면 어머니께 혼날까봐 두려웠다. 지금 생각하면 그들에게 죄송하고 부끄러운 일이었다. 나라에서 그분들을 보살피지 못한 탓에 국가를 위해 희생하고도 거지로 전락한 것이다.

그이들이 참전했던 전쟁은 어떠했던가? 평소 호언장담하던 통치자들은 저들의 처자식 거느리고 이리저리 피난 다니며 지시했다. 많은 백성들이 총알받이가 되고, 국군과 연합군이 많은 피를 흘리고 전쟁은 어렵사리 끝났다. 나라는 폐허가 되었다. 전쟁이 끝나자 피난 다니던 저들은 제자리로 돌아왔다. 위용을 갖추고 입맛대로 훈장주고 벌주며 위엄을 과시했다. 저들은 민생은 뒷전이고 부정부패로 탐욕을 채우고 정권을 확대 유지하는 또 다른 전쟁놀음만 하고 있었다. 그래서 저들은 결국 교문을 박차고 나온 학생들에게 무너지고, 정치군인들이 들어서는 빌미를 제공한 것이다.

오늘날 대통령은 "조국은 그들을 결코 잊지 않을 것"이라고 외쳐 대고 "자랑스럽게 생각하라"고 말하지만 뭔가 공허하기만 하다. 전쟁영화를 보면 장동건, 신하균 등 명배우들의 낭만과 명연기만 남지만, 실제 전쟁에 참여하여 아무것도 보답받지 못한 이들의 희생은 돌이킬 수없는 천형을 받은 것이나 다름없을 것이다.

뒤늦게나마 참전 유공자들의 처우개선을 발의한 국회의원들이 있으니 그나마 다행으로 생각하며 보다 합리적이고 당사자들에게 위안이 되는 법안이 나오기를 기대한다.

1950년 12월 장진호는 지옥이었다. '꽹~꽹~' 꽹과리를 울리며 밤마다 중공군이 밀려왔다. 눈보라와 강풍. 탈출로 1㎞ 뚫는데 3시간이 걸렸다. 총탄에 쓰러지고, 혹한에 얼어붙었다. 서른넷 나이에 나라 지키러 온 나 이갑수 일병. 골짜기에 쓰러지자 4살 영찬이와 7살 숙자의 얼굴이 떠오른다. 전날 내린 눈이 포근히 감싼다. 그리고 전우들과의 긴 잠…. 50여 년 만에 미군이 나를 깨워줬다. 열여덟 살 김용수 일병 등 12명이 잠에서 깨어났다. 미군의 손에 들려 하와이로 갔다가 한국의 가족을 찾았다. 25일 서울공항. 21발의 조포가 울리고, 대통령과 국방부 장관이 우리를 맞아준다. 아! 62년 만의 귀향이다. 바람이 포근하다. 우리가 희생할 가치는 충분했던 거다. [4]

한국전쟁에 참전해 전사한 김용수 일병 등 당시 국군의 유해가 오랜 세월이 지난 뒤 우여곡절 끝에 고국으로 돌아왔다. 전쟁 당시 장진호 전투에 참가한 이들이었다.

글을 쓰는 동안 내가 잠시 이갑수 일병이 되어본다. 4살 아들과 7살 딸을 뒤로하고 전쟁터로 나간다. 이 나라에서 태어난 운명이다. 1950년 미군에 배속되어 지옥같은 장진호 전투에 참전한다. 눈보라와 강풍 속에 꽹과리치며 중공군이 밀려온다. 여기서 죽을 순 없다. 허나 중과부적이다. 어린 자식들이 어지럽게 눈에 밟힌다.

---

4 중앙일보, 2012.05.26. 1면

"아, 할 수 없구나, 먼저 간다."

"숙자야, 영찬아! 부디 잘 살아다오. 아내여 정말 미안하오."

강산이 대여섯 번 변하는 동안 북녘 구천을 돌고 돈다. 50년만에 미군 후배들이 나를 미군인줄 알고 깨운다. 그래서 하와이까지 데리고 갔다가 확인해 보니 한국군이다. 내 조국 대한민국으로 보내준다. 그래도 그들, 역시 미군답다. 죽은 동료를 끝까지 찾아내고 한국군이라고 바다에 버리지 않고 돌려준다. 눈물겹도록 고맙다.

서울공항에 도착한다. 조포를 21발까지 쏘고 대통령과 국방부 장관까지 나와 근엄하게 거수경례를 한다.

"대통령님, 죄송합니다. 미군에 배속되어 미군후배들이 늦게야 깨우고, 더구나 하와이까지 돌아오느라 더 늦었습니다."

"이렇게 과분한 대우를 해 주셔서 영광입니다. 그런데 우선 몇 가지만 여쭈어 보겠습니다. 저와 같이 북녘에 묻혔던 다른 동료들은 대통령님의 배려로 진즉 도착했지요? 그리고 그때 어리디 어린 제 자식들, 숙자와 영찬이는 자유 대한민국에서 잘 보살펴 주셨겠지요? 우리가 희생한 가치는 충분 했었지요?"

이 대통령은 행사 전 유가족들과 따로 만났다. 그는 "여러분들 삼촌 되시고 형 되시고 동생 되고 하니까 그때 나가서 목숨을 걸고 싸워서 이 대한민국이 지켜진 거다. 그렇지 않으면 대한민국이 없어졌겠지."라며 "여러분들은 자랑스럽게 생각하는 게 좋다. 국가도 국민도 그렇게 생각하고 스스로 그런 생각을 더 가져야 한다."고 말했다. "나라를 위해 목숨을 바친 분들을 끝까지 찾아야

하고 유해라도 찾아야 한다."고 강조했다. 김관진 장관은 "북한에서 전사한 분을 모셔다 안장한 제1호다."며 "대통령이 직접 나온 것도 처음"이라고 설명했다. [5]

이 신문을 읽고 나도 몇 가지 여쭈어본다.

"대통령님, 그 유가족들이 '자랑스럽게 생각하도록' 평소 많은 관심을 가지고 계셨는지요. 이날 이후 목숨을 바친 그분들을 찾기 위해 어떤 노력을 하고 계신가요?"

"국방부장관님, 당신은 그분들을 찾을 생각은 해 보셨던가요? 앞으로 당신의 힘으로 몇 분을 더 찾아오실 예정입니까? 대통령이 직접 처음 나온 것이 그리 중요합니까?"

---

5 고정애 기자, 중앙일보, 2012.05.26. 5면

04 ▸▸▹

차마 떠나지 못한, 그때 용산의 아버지들

세상이 얼어붙은 겨울, 그날 새벽 용산의 어느 아버지들은 훨훨 타오르는 불길을 따라 저 세상으로 갔다. 그들은 그들의 터전에서 밀리고 이 땅에서 더 이상 버티지 못했다. 처자식과 먹고 살려고 발버둥 치다, 이 세상에서 밀려난 것이다.

그들은 그곳에서 장사하면서 세금도 내고 처자식 부양하며 살아왔다. 충분하지는 않지만 그런대로 살만했다. 그런데 서울시가 재개발 사업을 추진하면서 그들의 터전은 철거되기 시작했다. 재개발조합이 주겠다는 보상비는 그들이 앞으로 살아가기에 턱없이 부족했다. 철거하면 당장 생계를 이을 수 없으니 대체 상가를 마련하는 등 대책을 세워달라고 했다.

그들의 요구사항은 처자식의 생존이 달린 문제로 그들에겐 당연하였다. 허나 소귀에 경 읽기였다. 법의 이름으로 강제 철거가 시작되었다. 마지막 수단으로 떼라도 쓰면서 버텨야 했다. 30여 명이 남일당 건물 옥상에서 점거 농성을 벌였다. 자유 대한민국의 법치주의라는 미명하에 그들은 범법자가 되었다.

그동안 주변 통행에 불편을 초래하고 통행인에게 위해를 가했다는 주장이 있는데 이런 일은 응당 처벌 받아야할 일이었다. 그들은 이렇게 떼쓰는 것이 불법인줄 알면서도 억울함을 이렇게라도 호소해야 할 정도로 다급했을 것이다.

그러나 그들의 생각은 어리석은 일이었다. 벼랑에 몰린 약자인 그들에게 국가와 공권력은 다른 나라 얘기나 다름없었다. 철거민들이 망루에 오른 지 하루 만에 경찰은 300여 명을 투입하여 세상이 꽁꽁 얼어붙은 1월 어느 새벽, 어둠이 채 가시기 전에 물대포 살수를 하며 진압작전을 개시했다. 농성중인 건물 옥상에 불이 나고 망루가 무너지는 전쟁을 방불하게 하는 상황이 벌어졌다. 농성자 5명과 경찰특공대원 1명이 사망했다.

우리는 먼 옛적 을지문덕 장군을 기억한다. 수나라가 대군을 이끌고 고구려를 침략했다. 을지문덕 장군은 위험을 무릅쓰고 진중으로 들어가 담판을 한다. '당신들의 지략에 탄복하니 이만 물러가시면 좋겠다.' 고 항복한 척 하며 적진을 읽고 온 것이다. 그리하여 풍전등화의 나라 고구려를 구한다. 아! 용맹과 지혜를 겸비한 을지문덕 장군. 이 시대에는 을지문덕의 지혜를 흉내 낼 치안 관리가 한 사람이라도 있으면 안 되는가?

임진왜란 때 이순신 장군은 조정의 어명을 어기면서까지 적진에 진군하지 않고 때를 기다렸다. 조정의 어명대로는 나갈 때와 장소가 아니었기 때문이다. 때가 이르고 장소를 물색하여 적을 격멸했다. 그래서 그분은 그 무서운 왜적을 물리치고 나라와 백성을 구할 수 있었다. 그이의 지혜가 아니었으면 조선은 그때 망했을 수도 있다. 이로 인해 그분은 정적들의 모략과 조정의 비천한 괘씸죄로 큰 곤욕을 치루기도 했다. 나라와 백성을 구한 죄값을 자신의 희생으로 치룬 것이다. 죽을 때까지 나라와 백성이 우선이었다. 그래서 그분은 우리민족의 영원한 큰 별인 것이다.

남일당에 남아 떼쓰는 사람들은 적이 아니었다. 이 땅에서 가장 힘없는 백성들이었다. 어느 치안 한 관리가 들어가서 얘기하자 해도 감히 달려들지는 못했을 것이다. 들어가 얘기하며 그 안에 무엇이 있는지도 알 수 있었을 것이며 적절한 진압 방법도 세울 수 있었을 것이다.

어느 말단 형사만은 외롭게 이 철거민들을 위하여 동분서주하며 애 태우고 있었다. 그 형사는 법정에서 증언하다 말고 울고 말았다.

그는 서울경찰청 정보과 형사였다. 망루가 불타기 전날, 아침부터 용산 현장에 가서 철거민들과 조합, 구청 사이를 중재해 보려고 뛰어다녔다. 하지만 협상을 위해 경찰을 뒤로 물려 달라는 철거민들의 요청을 지휘부가 거부하는 바람에 실패했다. 그래도 형사는 포기하지 않고 밤까지 너댓번이나 철거민과 만나 협상자리를 만들어 보려고 애썼다.…(중략)…

법원 서기는 '감정이 복받쳐 대답하지 못하였다.' 고 짧게 적었다. 하지만 그 형사는 어떻게 협상 한 번도 없이 사람이 여섯이나 죽었느냐며 1분여를 말을 잇지 못하고 눈물을 흘렸다. 결국, 법정 밖으로 나가 마음을 추스르고 한참 만에 들어왔다. 방청객도 나도 가슴이 먹먹하고 눈시울이 뜨거워졌다.[1]

이 사건의 변호를 맡았던 어느 변호사는 이 여린 말단 형사의 행실을 보고 '무간지옥에 연꽃이 피었다.' 고 했다. 그래, 지금 세상은 마귀를 물리치고 중생을 수호하는 사천왕은 자취를 감추고 권력과 돈에 눈이 먼 사천왕들이 설쳐대는 무간지옥이 아닐까? 거기서도 가냘픈 연꽃 하나는 피고 있었던 것이다.

그날 새벽 작전은 작전이라기보다는 무모함 그 자체인 듯 했다. 계획된 주요 장비가 미비된 상태에서 현지의 상황은 거의 고려되지 않은 상부의 무전기 지시에 따라야 했다. 특공대원들이 합판으로 머리를 보호하며 진압에 나서는 상황은 마치 구시대 전쟁영화에나 나올 법한 상황이었다.[2] 만약 농성자들이 화염병으로 저항했다면 정말 많은 희생자가 나올 판이었다. 이 작전은 부하경찰들의 목숨을 값싼 담보로 하고 진압한 것이나 다름없었다. 그 결과 농성자 5명과 경찰특공대원 1명이 사망했다. 참으로 애석한 일이었다.

이 진압의 최고 책임자였던 김석기 경찰청장이 서울지방경찰청장에서 영전한 이튿날의 작전이었다. 그는 지난번 쌍용자동차 노조 농성 진압 지휘 이후 승승장구하여 경찰청장에 이른 것이다.

---

1 김형태 변호사의 비망록, 용산참사 사건(상), 한겨레, 2012.12.29. 22면

2 영화 『두 개의 문』 참고

영전하자마자 세운 이 수훈, 임진왜란이 시작되자마자 부산성을 단번에 함락시킨 왜장의 수훈에 비해 손색이 있을까?

남은 농성자들은 기소되고 재판을 받아 무거운 벌을 받았다. '과잉진압 논란에서도 재판부는 한쪽 귀만 열었다.' 는 여론이 분분했다.[3]

특공대원은 못 봤다고 했다
내가 물어도, 검사가 물어도
화염병은 보지 못했다고 했다
1~2미터 앞에서 못 본 것이다
한데도 1심, 항소심, 대법원은
모조리 화염병 탓으로 돌렸다[4]

현장 1~2미터의 앞에서 진압하던 특공대원은 화염병이 날아오는 걸 못봤다고 한다. 그런데 현장과는 멀리 떨어져 있었던 검찰은 두 경찰을 향해서 던졌다고 하고, 재판관은 그것을 인정한 것이다. 아아~ 저들은 책상에 앉아 법전을 줄줄 외던 신통력이 발동한 것일까? 귀신도 곡할 일이다.

김석기 경찰청장은 후일 낙마했다. 그 뒤 그는 어느 신문과의 인터뷰에서 용산참사와 관련하여 이런 말을 하였다.

---

3 『진실에 눈감은 용산 참사 재판』, 한겨레 사설, 2009.10.29.

4 김형태 변호사의 비망록, 용산참사 사건(3), 한겨레, 2011.1.12. 26면

"목숨은 누구에게나 소중하지만 경찰 순직은 국민들의 생명과 안전을 지키려 했던 고귀한 희생인데 국민들에게 이점은 분명히 알려야 한다고 판단했습니다." [5]

맞는 말이다. 그러나 여기서 그는 더 중요한 것을 간과한 것이 있다. 그 농성자들을 국민으로 보지 못한 것이다. 그들도 납세의 의무, 국방의 의무를 같이하는 같은 국민이었다. 그들은 이 땅에서 가장 힘없는, 이제 벼랑에 몰린 이 나라의 국민이었다. 나라와 공권력은 먼저 이 국민들의 생명과 안전부터 지켜줘야 했다.

또 있다. 소중하다는 부하들의 목숨을 소중하게 생각하지 않았다. 그런 상황이라면 그날 아침 작전을 강행하는 것은 무모했다. 아마 그가 말한 '국민의 생명과 안전 그리고 부하의 목숨' 보다는 '본인의 출세' 가 더 바쁘지 않았을까? 그 후 조정은, 아니 정권은 그에게 보은 답례를 잊지 않았을 것이다.

이 사건 수사를 지휘한 천성관 서울지검장은 검찰총장에 내정되었다가 인사청문회에서 각종 의혹으로 낙마하고 서울지검장을 퇴임했다. 허나 그에 대한 보은 답례 또한 잊지 않았을 것이다. 이 용산참사 재판의 상고심 주심을 맡아 철거민들에게 중형을 선고한 원심을 확정한 양승태 대법관은 그 후 대법원장으로 임명되었다. 성은이 망극할 일이다. 어느 덧 그 정권의 해도 서산으로 지고 말았다. 그 새벽에 빛나던 별들 몇 쪼금이나 갈까?

---

5 이지용 기자, 『말없는 다수 공권력 지지 실감나요』, 매일경제, 2009.3.28.

죄를 지은 자들은 바로 저들이야.[6]

장발장은 쫓기면서 절규한다. 쫓기는 죄수인 그의 말이 맞는 말일까? 그런데 그 영화를 보기 위해 많은 인파가 극장 앞에 줄을 이었다. 그리고 도망 다니는 그 죄수의 일언일행에 가슴 조이고 공감하며 눈물을 뿌려댔다. 승자독식의 이 세상에서 많은 관객들은 장발장과 같이 몰리고 있는 처지로 스스로를 생각하는 것은 아닐까?

과연 '저들' 에겐 무슨 죄가 있기에 후세의 이 먼 나라의 관중들은 그 장발장의 언행에 공감하고 동조하는 것일까? 그 답은 관중인 우리들이 찾아내야 한다. 나는 관중의 한 사람으로서 '저들' 의 죄를 나열해 본다.

먼저 눈에 보이는 저들 중 '자베르' 라는 경감이 있다. 그는 '주어진 그의 의무를 충실히 이행했을 뿐' 이다. 얼핏 보면 그보다 모범 관리가 없을 것이다. 그는 누구처럼 '물고문' 하거나 '전기고문' 하지 않는다. 그는 그의 의무를 다하기 위해, 죄지은 자는 세상 끝까지 쫓아가 잡아내고 단죄하려 한다. 그 과정에 자기의 실수나 잘못이 있으면 정중히 사과하고 사죄하는 그야말로 철두철미한 '법의 화신' 이다.

그러나 "법에는 자비도 없나요."하며 어느 힘없는 자가 죽어가며 탄식할 때, 우리는 그 같은 강자들의 '무자비 죄' 에 분노를 느낀다. 그리고는 그 위의 보이지 않는 '저들' 의 더 큰 죄에 또 분노

---

6 영화『레미제라블』의 한 대사

한다. 아마 우리에게 보이지는 않지만, 많은 '저들'에 의해 우리들은 둘러 쌓여 있지 않을까?

위장전입, 탈세, 병역회피, 전관예우, 공물의 도용, 편 가르고 왕따 시키기 등 등 끝없는 비리를 저지르고 독소를 쏟아내며 군림하는 '저들' 말이다. '저들'은 자신들의 죄는 '결정적 하자는 아니다.' 라며 곧잘 합리화 시킨다. 그러나 배고픈 약자들이 빵 한 조각 훔치는 것은 절대 용납 못하는 또 다른 '비리의 화신' 들인 것이다.

"높으신 그분의 뜻을 헤아리고, 부디 정직한 사람으로 살아가시오."

"내가 주님을 대신하여 당신을 구원했으니……."[7]

그 신부님의 신실한 당부다. 벼랑에 몰린 죄인 장발장에게 은촛대를 쥐여 주면서…….

"그는 내게도 영혼이 있다고 했지."[8]

세상에서 저주 받은 장발장은 그 신부님의 구원으로 영혼을 되찾고, 빛나는 세상에 다시 태어난다. 구원을 베푼 그 성당의 신부님은 결코 자신을 내세우지 않고, 영광을 주께 돌리려는 진정 주

---

7 영화 『레미제라블』의 한 대사

8 위 영화의 한 대사

님의 종이었다.

"아아~ 이 시대의 장로 대통령님! 당신의 말 몇 마디면, 그 귀한 은촛대를 내놓지 않더라도 이 불쌍한 남일당의 죄인들은 벼랑으로 밀려나지 않았을 것인데……."

그 후 그들이 죽어서도 떠나지 못한 남일당을 많은 인사들이 다녀갔다. 목사님, 스님, 신부님들도 기도하고 염원하며 다녀갔다. 그러나 거기에 신의 은총이나 부처님의 자비는 비치지 않았다. 아, 어쩌랴, 장로 대통령이 통치하는 이 시대는, 하느님도 부처님도 강남의 어느 부자교회나 강북의 어느 부자사찰 기도에는 응답하셔도 돈 없고 힘없는 남일당의 기도는 그냥 무심하신가? 어느 신부님이 푸념한다.

"우리들에게 응답하소서. 혀 짤린 하느님, 우리 기도 들으소서 귀먹은 하느님……. 하느님 당신은 죽어 버렸나. 어두운 골목에서 울고 계실까? 쓰레기 더미에 묻혀버렸나. 가엾은 하느님. 얼굴을 돌리시는 화상당한 하느님, 그래도 당신은 하나뿐인 민중의 아버지." [9]

그 겨울 새벽, 남일당 옥상 망루에서, 아니 세상의 벼랑에서 밀려나간 그 혼들에게 묻고 얘기해 본다.

"그래, 불쌍한 처자식 놔두고 차마 어떻게 떠났습니까?" "애초 당신들은 이 땅에서 태어나지 않았어야할 사람들이었습니다. 아

---

9 박기호 신부, 『아직도 용산』, 한겨레, 2009.10.31.

니, 이 땅에 왔으면 위장전입, 새치기, 탈세, 병역회피 등 편법 · 불법을 재치있게 했어야 합니다. 인사청문회 보신 적 있으시죠? 그들은 불법 · 탈법 의혹으로 가득한 몇 관왕이기도 합디다. 그들은 끝까지 버티고 같은 패들이 감쌉니다. 경찰이나 검찰은 그들의 비리는 못 본 척하고 온순하고 힘없는 당신들에게는 서슬이 시퍼렇기만 합니다. 당신들이 너무 세상 모르고 그들처럼 살짝 떼를 써 본 것이 죽을 죄를 진 것입니다. 이런 말도 못 들어 보셨던가요. '유전무죄며, 무전유죄라.' 웬만한 사람들은 다 알던데요."

"부디 다음 세상에는 진정으로 법치가 잘되는 나라, 공정한 사회, 도덕적으로 완벽한 정권인 나라에서 태어나십시오."

"혹시 남일당의 인연으로 이 땅에 다시 태어나게 되면 가장 조심할 게 있습니다."

"뺑튀기나 꼼수에 속는다면 또 그렇게 슬픈 윤회를 하게 될 것입니다."

나는 간절한 기원한다.

"주님이시여 당신의 역사는 당신의 종들에 의해 이루어집니다. 뻥튀기나 꼼수의 종인가를 잘 보셔야 합니다. 저들은 서울시를 아낌없이 통째 봉헌해도 그것은 꼼수에 불과합니다. 저들의 꼼수에 불쌍한 양들이 벼랑에 몰려 죽어갑니다. 우리 기도 들으시고 착한 종들을 써서 당신의 역사를 이루소서. 부디 벼랑에 몰린 당신의 양들에게 은총을 베푸소서."

05 ▸▸▹

결혼하는 아들 둔 죄를 진 아버지들

"요새는 결혼이, 자기가 하는 게 아니라 부모가 시켜주는 것이더라고요. 아들이 결혼할 여자를 데려왔기에 나중에 조용히 '얼마 벌어놓았느냐' 고 묻자 달랑 1000만 원 있다고 합디다."

결혼 얘기가 본격적으로 오가면서, 김씨의 고민이 시작됐다. 그는 결국 보험금을 담보로 5000만 원을 대출받았다. 대출받은 돈에 퇴직금까지 탈탈 털어 1억 원을 아들에게 건넸다. 그 돈으로 아들은 서울 변두리에 소형 아파트(43.0㎡)를 전세로 얻었다.

아들은 분가하고 아들이 남긴 빚은 김씨 곁에 남았다. 공무원 연금 말고는 딱히 수입이 없는 김씨에게 월 30만 원 넘게 나오는 이자는 큰 고통이었다. 그는 아들에게 "이자는 내가 낼 테니 장차 원금은 네가 갚아라"고 했다. 하지만 속으로는 '본인 앞가림하기도 바빠 못 갚을 테니, 결국 내가 갚게 되지 않겠는가.' 라고 각오

하고 있다.[1]

평생 자신이 중산층이라 생각하며 공무원으로 일하다 퇴직한 어느 아버지의 얘기다. 이 시대 아버지의 군상 중 큰 비중을 차지하는 한 형태인 것이다.

옛날에는 있는 집은 있는 대로 없는 집은 없는 대로 자녀들을 결혼 시켰다. 말하자면 분수에 맞게 자연스럽게 살아간 것이다. 그런데 언제부턴가 문제가 되기 시작했다. 재력이 있는 집은 호화롭고 여유롭게 결혼을 시키는 것이 당연한 일이고 문제 될 것이 없다. 허나 없는 집이 문제다. 그들도 기본은 갖춰야 한다. 그런데 기본이 너무 높아졌다. 억 소리가 나도 기본을 갖추기가 힘든 세상이 된 것이다.

결혼 당사자들이 벌어서 셋방이라도 얻어가자니 어느 세월에 가야할지 모를 형편이고, 부모가 대주자니 여유가 없다. 거기에 또 문제가 붙었다. 인간 수명이 부쩍 길어진 것이다. 자식을 출가시킨 후 부모 자신도 몇 십 년을 살아야 하는 환경이 되었다. 장수시대가 축복이라지만 재앙 같기도 하다. 설상가상으로 먹고 사는 것이 이 세상의 소수의 승자 손아귀에 달려있는 것이다.

어느 자연 다큐드라마 영상이 떠오른다. 바다 속 문어는 자연 속에서 먹고 살아간다. 그리고 때가 되면 많은 새끼를 부화한다. 품에 있는 그 많은 새끼를 타 어족의 먹이로 더 뺏기지 않으려고 안간힘을 쓴다. 어느날 어느 정도 성장한 새끼들이 어미 품을 떠

---

1 이기문 기자, 조선닷컴, 2012.07.05.

나 넓은 세상으로 나간다. 어미의 임무는 끝났다. 자연의 품으로 돌아간다. 문어는 여태 자신의 먹이였던 다른 어족들의 먹이가 되어 이 세상에서 사라진다. 윤회의 세상으로 떠나는 것일까? 유전자의 행진을 남기고…….

유전자는 교차에 의해서 파괴되지 않고 단지 파트너를 바꾸어 행진을 계속할 따름이다. 물론 유전자들은 계속 행진한다. 그것이 그들의 임무다. 유전자들은 자기 복제자이고 우리는 그들의 생존 기계다. 우리는 임무를 다하면 폐기된다.[2]

이는 진화론의 석학인 리차드 도킨즈가 갈파한 자연 세계다. 문어의 삶을 비롯한 자연의 세계를 보면 비교적 맞는 말이라고 본다. 자연세상은 자기복제자를 세상에 남기는 것이 임무다. 허나 인간 세상에 오면 사뭇 다르다. 그가 말하는 임무부터가 문제다. 인간의 욕망이 끝이 없는 게 문제다. 임무를 어느 정도하고도 폐기되지 않고 끝까지 버티려고 한다.

그 옛날 진시황은 부하들을 시켜 세상을 샅샅이 뒤져 불로초를 찾아오게 하였다. 그 이래 오늘날 우리의 어떤 보신족들은 보신식품을 찾으려고 그 진시황이 살던 나라로, 동남아로 또 어디론가 헤맨다. 신심 깊은 이들은 어느 신인가를 붙들고, 구구팔팔하게 살게 해달라고 애닯은 기원을 끝없이 해댄다. 명석한 어느 과학자들은 수명연장 연구하느라 날 새는 줄 모르고 자기 수명 단축하기

---

2 리처드 도킨즈, 『이기적 유전자』 홍영남 · 이상임 옮김, 2011. 87쪽.

도 한다. 그리하여 인간의 평균 수명은 많이도 길어졌다.

또한 세상은 날로 많은 재화로 가득 차 간다. 한데 더 큰 문제는 그 재화가 점점 몇 사람의 손아귀로 들어가는 양극화 시대이며 승자독식 세상인 것이다.

인간 장수의 시대가 축복인지 재앙인지, 문명의 시대에 접어들면서 인간이 만든 인간이 해결해야 할 인간만의 문제이다.

06 ▸▸▹

이 시대를 살아가는 50대 가장인 아버지들

촉나라 황제 유선과 촉의 재사 제갈공명은 1,800여 년이 지난 후, 저 먼 곳 동방의 나라 한국의 MBC라디오에 나와 다음과 같이 얘기하고 있다. 천하의 공명도 50대가 되니 어쩔 수 없나보다. 아니 1,800여 년 후 한국 50대 가장들을 얘기하고 있는 게 틀림없다.

(북벌에 실패한) 공명은 그렇게 다시 군대를 돌렸다. 그리고 황제 유선을 배알했다.

유선 : 승상아버지 많이 아프냐? 쓰러졌다면서…….

공명 : 폐하의 염려 덕분에 이제는 건강하옵니다.

유선 : 아프지 마라. 승상아버지~, 승상아버지가 아프면 나도 아프다.

공명 : 황공하옵니다. 폐하~.

유선 : 그러고 보니까 승상아버지도 많이 늙었다. 옛날에는 진짜 꽃미남이었는데…….

공명 : 하하하하(허탈한 웃음) 저도 어느덧 나이 오십 지천명의 나이가 되었습니다.

유선 : 승상아버지, 요즘 오십대가 얼마나 힘든지 알지? 애들은 대학갈 나이가 되어 돈 들어 갈 데 많은데 직장에서 눈치주고, 아랫사람들은 치고 올라오고… 참 더럽고 치사해서 때려치우고 싶어도 딱히 갈 데도 없고…….

공명 : 어디 그 뿐인가요. 평생 식구들 먹여 살리느라 일만 했는데 이제 와서 아이들한테 "아버지는 나한테 해준 게 뭐냐? 언제 우리한테 관심을 가진 적 있느냐" 이런 소리를 들으면 정말 가슴이 미어집니다.

유선 : 듣기만 해도 진짜 마음이 아프다.

공명 : 이 나라 오십대들의 슬픈 운명이지요.

유선 : 그 와중에 몸까지 아프면 안 된다. 그럴수록 건강을 더 챙겨야 돼.

공명 : 예, 폐하 명심하겠사옵니다.

유선 : 자 이거 받아라. 승상.

공명 : 아, 이게 뭡니까?

유선 : 요즘 승상아버지 기력이 많이 쇠한 것 같아서 내가 특별히 준비한 보약이다. 자 받아라.

공명 : 망극하옵니다. 폐하~.[1]

이제는 50대가 된 가장 아빠들. 그들은 30여 년을 정신없이 공명처럼 살아왔다. 직장에 충성하며, 부모 부양하고 처자식 뒤치다꺼리 하며 살았다. 물론 그들에게도 천하 제패를 꿈꾸던 공명처럼 장밋빛 꿈이 있었고 하는 일마다 잘 풀리는 좋은 시절이 있기도 했다. 어느덧 50대가 되었다. 관례대로 직장에서 명퇴하거나, 지지부진한 중소기업을 접기도 한다.

종전에는 50대에 퇴직하거나 힘든 생업에서 물러나 그럭저럭 살다 갔다. 그런데 앞으로 30~40년은 더 살아야 하는 100세 수명의 시대라 한다. 제2모작 인생을 시작하려 나선다. 허나 세상은 어느새 양극화되고 승자독식 세상이 되어 그들이 설 자리가 없다. 일자리를 구하려 하니 아들격인 청년들까지도 갈 곳이 없다고 아우성이다.

자식들은 공명의 아이들처럼 "해준 게 뭐있냐?" 하고 아내는 아내대로 "여태 뭐했냐?" 한다. 그래도 공명은 어린 황제로부터 위로를 받고 있다.

아! 이 시대의 아버지들, 아직 갈 길은 아득한데 어디로 가야 하는가? 이 땅의 50대 가장인 아버지들, 슬픈 운명을 타고난 그들은 어디서 위로 받는가?

"쌈박질 그만해라 이놈아, 국밥 푹푹 처먹고 경제 살려"라고 거

---

1 MBC라디오 『배한성 배칠수의 고전열전 삼국지』 2012.6.2. 중에서

침없이 욕하며 그때 대통령을 당선 시키는데 공헌한 '욕쟁이 할머니도', 그 뒤 가게 세를 못내 쫓겨 날 판이고, 가락시장에서 목도리를 받으며 위로받던 '목도리 할머니' 도 좀 나아질 줄 알았는데 단칸방 월세도 어렵단다.[2]

모두가 어렵기는 마찬가지인가 보다. 목도리 걸어주며 틈만 나면 '경제 살리겠다.' 는 그 대통령은 퇴임 후 자신의 살집 마련에 너무 머리가 아플 듯하다.

어느 날 아침 누군가 안쓰러운 손짓으로 지나가는 내 차를 붙든다. 당일 귀농교육장으로 잘못 알고 외진 이곳에 왔단다. 가까운 지하철역까지 나에게 부탁한다. 이제 막 60에 접어든 그이도 서울에서 중소기업을 운영하며 좋은 시절이 있었단다. 지금은 중소기업에 새로 손대면 백전백패라고 한다. 그이는 궁리 끝에 '하면 하겠지.' 하고 귀농교육을 받고 있단다. 농사 지어본 경험은 전혀 없지만, 그래도 한 가닥 희망을 가지고 있었다. 본인의 고향이나 처가의 고향에 가면 농사지을 땅이 있단다. 그나마 지푸라기라도 잡고 싶은 희망인가 보다. 허나 그의 아내는 죽어도 내려갈 수 없다고 한다니…….

나는 마음속으로 물었다.

"형, 그래, 어디로 갈랍니까?"

---

2 김현빈 기자, 『MB의 대표 서민들, 5년 지난 지금 그들의 삶은…….』 한국일보, 2012.11.1. 2면

그날 아침 신문에는 '하루 1천억 이익 낸 삼성전자, 2분기 영업이익 6조7천억 또 사상 최대' '삼성전자 "불황은 없다" 또 최대실적 경신' 등이 전해졌었다. 그런 별천지 신세계가 이 땅 어디에 있는 것인가?

오랜 가뭄 끝에 단비가 내리고 개인 오후, 푸른 하늘은 적막하기까지 하다. 어디선가 바람결에 '신세계 교향곡' 이 스쳐간다.

'꿈속에 그려라 그리운 고향. 옛 터전 그대로 향기도 높아.

지금은 사라진 동무들 모여. 옥 같은 시냇물 개천을 넘어~

넘어~ 넘어~ 넘어…….'

07 ▸▸▹

아빠의 자격을 빼앗긴 아빠들

엄마가 있어 좋다. 나를 이뻐해 주어서.
냉장고가 있어 좋다. 나에게 먹을 것을 주어서.
강아지가 있어 좋다. 나랑 놀아주어서.
아빠는 왜 있는지 모르겠다.

'아빠는 왜' 라는 제목이 붙은 이 시는 초등학교 2학년 어린이의 시로 소개되어 한동안 인터넷을 뜨겁게 달구었던 적이 있다. 이 어린이는 이것저것 비교해 가면서 아빠의 존재 이유를 의심한다.

이 글을 보면 심란한 상상이 꼬리를 문다. 이 글을 쓴 초등학교 2학년 아이의 아버지라면 30대 후반 정도로 추정된다. 엄마가 예뻐해 주고, 냉장고를 열면 먹을 것이 있고, 놀아주는 애완동물도 키우는걸 보면 물질적으로는 크게 어렵지 않은 듯하고 아이에겐

별 부족함이 없는 가정인 듯하다.

그런데 아빠가 문제다. 아이와 어울리지 않는다. 아니 어울리지 못하는지도 모른다. 직장인이라면 대리급 나이다. 이 아빠가 근래 사주팔자를 넘겨다본다. 그도 총각 때는 낭만이 있었고 꿈도 있었다. 처녀 때는 수줍고 매력적인 그 아내가 아이를 낳더니만 고양이로 변했다. 그 아내 매달 월급통장을 보며 남편 형제간이며 친구 남편들 비교해가며 잔소리가 늘어간다. 그의 아이, 세상에서 아빠를 가장 좋아한다던 세상에 하나 밖에 없는 사랑스런 아이였다. 허나 유치원을 다니면서부터 남의 멋진 아빠를 부러워하고 제 아빠는 무시하고 멀리한다.

이 아빠도 직장에서 총각 때는 직장의 부당한 일이나 상사의 부적절한 지시에 용감하게 반항하고 의기롭게 대응했다. 그런데 아이를 낳고서는 그런 패기는 점점 사라졌다. 상사의 부적절한 지시에 속이 끓어오를 때마다 어김없이 처자식이 눈에 아른거리는 현상 때문이다. 같은 팀에 후배 직원이 두어 놈 있지만 자기 일 끝나면 퇴근이라 허드렛일은 혼자 야근해야 한다. 상사로부터 시달리고 후배들로부터는 외면당한다. 밤늦게 집에 오면 아내의 시선은 차갑고 아이는 잠들어 있다. 휴일에는 가장으로서 대우받기는커녕 가족과 어울리지 못하고 텔레비전이나 컴퓨터와 씨름할 뿐이다.

이 시가 초등 2학년 어린이가 쓴 글이라면 이 아이는 너무 영악하다. 아니다. 나는 이 시를 이 집의 가장인 아빠 본인이 자조하며 푸념으로 썼다고 추측한다. 암울한 일제 치하에서 하소연 할

데 없는 의로운 시인들은 하늘을 보고 땅을 치며 시를 써댔듯이, 요즈음 힘없는 아빠들은 어디에도 하소연할 곳이 없다. 세상 어디 한군데 하소연할 데 없는 그 아빠가 쓴 시리라.

사장 조부 묘소 풀 깎아주고
반값에 사장실 리모델링 해주고
10년을 노예처럼 기었다
하지만 월급은 오를 줄 모르고
사고 처리도 운전사 몫이었다.
작년 1차 이어 다시 파업
남편은 공사장, 부인은 식당
대학생 딸은 등록금 없어 휴학
막내는 휴대폰 갖고 싶단다.[1]

이 시를 읽으면 우리의 처지와 비슷한 한 노동자의 삶에 마음이 참 짠하다. 허나 이 글은 시가 아니다. 언어가 함축되어 있고 운률이 있어 다소 시처럼 보이지만 이는 신문 기사의 요약문이다. 허나 어느 버스 노동자의 서러운 삶이 축약된 이 요약문은 어느 유명한 시보다도 가슴을 적신다. 그 신문 기사는 다음과 같이 이어진다.

정씨는 '분신'을 시도했다. 길어진 파업에 지친 아내와 말다툼

---

1 이정애 기자, 한겨레, 2012. 6.9. 3면

을 하다 '욱' 하는 심정이었다. 그날은 10살짜리 늦둥이 아들의 소풍 전날이었다. "아빠가 만든 김치볶음밥으로 도시락 싸줘" 하는 아들의 말에 오랜만에 앞치마를 둘렀다. 그 모습을 본 아내가 "다른 집 남자들은 처자식 먹여 살린다고 (회사로) 돌아가는데 뭐한다고 당신만 계속 그러고 있냐"며 속에 묻어뒀던 불만을 터뜨렸다. "갈 데 없는 처지란 걸 뻔히 알면서 어떻게 그렇게 몰아세울 수가 있어?"

분이 난 정씨는 공사장에서 쓰던 시너를 들고, 10분 거리 회사로 달려갔다. 파업 전, 매일 새벽 별을 보며 출근하던 길이였다.

시간은 밤 11시를 향해 가고 있었다. 사무실에 들어선 순간, 홀로 야근하던 직원이 그를 보고 소스라치게 놀랐다. 시너를 머리에 부었다. 차마 라이터 불을 당기진 못했다. "순간, 눈에 넣어도 아프지 않은 늦둥이 아들의 웃는 얼굴이 떠올랐기 때문"이다.[2]

정씨는 과외비도 안 받고 사장 조부 묘소 풀 깎아 주고 반값에 사장실 리모델링 해주는 등 노예처럼 살았다. 처자식 부양하고 자식들 커가는 희망으로 눈물을 삼키면서 인고의 세월을 살았을 것이다. 허나 남은 것은 아내의 한숨과 아이들의 원성이 범벅된 가난뿐이다.

정씨의 부인이 본래부터 잔소리꾼이었을까마는 험진 세상과 장기 파업이 그이를 거칠게 만들었을 것이다. 그래도 김치볶음밥을 부탁하는 늦둥이만은 이 세상에서 정씨의 마지막 우군이다. 이 늦

2 앞 신문 기사

둥이도 철이 들면 “아, 아버지, 왜 우리는 가난을 대물림해야 합니까?” 하지 않을까?

‘나는 어쩌면 생겨나와 이 이야기 듣는가?’ 라는 소월의 시가 더욱 애처롭게 들려오고, 꽃수레를 타고 정처 없이 떠나는 이중섭의 ‘길 떠나는 가족’ 보다 그 내막이 짠하다.

학생 : 아빠! 엄마 바꿔 줘.

(아빠) : (…….)

학생 : 엄마 없어? 아빠, 나 친구들이 늦어서 집으로 데리고 갈 거야.

친구들이랑 일찍 가야 하거든.

(아빠) : (…….)

학생 : 아빠, 언니 바꿔 줘!

어느 지하철 안에서 여대생으로 보이는 4~5명이 상호 대화하다가 한 학생이 핸드폰을 들고 집으로 통화하는 내용이 귓전에 생생하게 남아, 가지고 있던 서류봉투 겉에 옮겨 적어 본 것이다. 이쯤 되면 다정한 아빠한테 하는 얘기인지, 하인에게 하는 명령인지 어안이 벙벙하다.

대학생으로 보이는 딸이 아버지와 통화하는 내용인데 가장으로서 아버지이거나, 어려운 일이 있을 때 상담할 어른으로는 거의 보이지 않는다. 그냥 전화를 받고 전달해 주는 사람 정도이다. 이 집에서 엄마나 언니보다 존재감이 없다. 아, 이 세상 아빠들이여! 어쩌다가 이 지경이 되었으며 앞으로 어찌할 것인가?

사실 나중에 알게 된 일이지만, 서울 본바닥에서 이 정도는 얘깃거리가 되질 못할 지경이었다.

하지만 그 말을 듣고는 작정하고 쉬는 시간 직전에 화장실 한 칸에 들어가 기다려 보았다. 그렇게 며칠 동안 화장실에서 아이들이 하는 이야기를 들어 보았다. 더 충격을 받았다. 엄마를 욕하는 말들은 다양해 말로 다 옮기기도 어렵지만 '미친년'이 압도적이었다.

아버지를 두고 하는 말은 충격을 넘어 마음을 아프게 했다. "아, 씨발, 이제 지(아빠)한테 인사 안했다고 막 지랄하는 거야. 너는 아빠가 퇴근하고 왔는데도 인사도 안하냐고. 근데 내가 지하고 친하지도 않은데 왜 인사를 해? 웃기지 않냐?"

중학교 2학년 여자 아이가 친구에게 하는 말이었다.[3]

강남에서 영어 학원을 운영하게 된 어느 원장의 경험담이란다. 아버지에 대한 이러한 태도는 아이들의 생활과 관련된 대부분의 일은 엄마가 결정권을 쥐고 있으니 아버지의 영향력은 거의 없다는 것, 아이들은 아빠가 돈을 벌어오는 것도 엄마가 시켜서 하는 일로 알기도 한다고 전한다.

사람 중에는 별사람이 다 있게 마련이다. 부모와 갈등으로 부모를 욕하는 학생이 어쩌다 있을 수도 있다. 허나 이런 대화를 다수가 거리낌 없이 한다는 것은 큰 문제가 아닐 수 없다.

---

3 이승욱 외 2, 『대한민국 부모』, 문학동네, 2012, 124쪽

여러 어머니들은 알아야 한다. 공부란 학원에만 보내면 저절로 되는 것이 아니다. 돈만으로 되는 것은 더욱 아니다. 이는 학원 원장만 화장실에서 엿듣고 고민할 문제가 아니다. 사실이라면 세상의 아빠들과 서울시 교육감, 지식경제부 장관 등 모두가 학원의 화장실에 앉아 고민할 문제다. 세상은 썩고 아이들은 무방비 상태에 놓여 있는데 아빠들은 텔레비전이 앞에 앉아 있고 엄마들은 좋은 학원 고르느라 치마 바람 날린다. 최고 수장들은 탁상공론이나 입씨름으로 또 새 제도만 만들어 낸다면 무슨 발전이나 희망이 있겠는가?

08 ▸▸▹

가정과 직장에서 고군분투하는 젊은 아빠들

_ 정용호

회사원 4년차, 햇병아리 신입사원 시절 1년이 지나자 선배들이 사는 모습들이 눈에 들어오기 시작한다. 여자 선배들의 회사업무와 가사육아의 병행, 시댁과의 갈등 등의 애환이 서린 이야기는 듣는 이에게 짠한 감정을 불러 일으킨다. 과거 가부장제 사회 시절부터 수많은 매체에서 다루어졌고 스토리 역시 흥미진진하다. 얼마 전엔 자기일과 생활에 강한 애정을 가진 며느리가 시월드(시댁)에서 겪는 상황을 그려낸 '넝쿨째 굴러온 당신' 이라는 제목의 드라마가 히트를 치기도 했는데 역시 여성들의 이야기는 재미있다.

하지만 일반 남성의 세계는 TV 드라마, 소설 등에는 상대적으로 적게 등장한다. 요새 뉴스에 나오는 횟수는 많아지고 있긴 하다. 그 이유는 일단 재미가 없어서가 아닐까 싶다. 퇴직 후 집에서 고민하는 아저씨, 바쁜 일과 후 회식하고 늦게 귀가하는 아저씨, 가족들과 대화가 단절되어 자기도 모른 사이에 집에서 왕따가 되어있는 아빠 등 이런 내용은 일단 재미가 없다. 발단-전개-절정-결말로 이루어지는 드라마 스토리 흐름상, 현대 한국 남자들의 삶은 이런 극적인 요소나 변화가 없이 조용히 흘러간다. 남자들의 이야기는 주로 술자리에서 자기의 신세한탄과 함께 그들만의 세계에서 교류되어 조용히 묻히는 듯하다.

요새 아빠들은 참 짠하다. 나이 30 중반을 넘긴 남성들 중, 미혼인 총각들은 예전부터 그래왔듯이 주변 사람들의 결혼 안하냐는 스트레스에 시달린다. 이들도 많이 힘들 것이다. 하지만 이들은 최소한 퇴근한 다음부터는 자기만의 시간을 가질 수 있다. 반면 비슷한 또래인 지금의 30대 아빠들은 아침부터 밤까지 숨을 쉴 틈조차 없이 매일 매일을 보내는 것 같다.

우리 부모님 세대에서는 지금처럼 맞벌이가 당연시되는 시대가 아니었으므로, 가족부양은 아버지, 가사는 어머니가 담당하는 것이 당시의 일반적인 생각이었다. 하루 일과를 마치고 퇴근하는 순간부터 아버지들은 해방감을 느끼며, 부담 없이 귀가한다. 노동은 일터에서 충분히 이루어졌으니 귀가 후 시간은 휴식과 자기 자신을 위한 시간으로 쓸 수 있었다(아버지 세대들의 노고가 지금보다 못하다는 이야기는 결코 아니니 오해는 말아주시기를 부탁드린다).

하지만 2012년 현재 30대 아빠들의 모습을 한 단어로 정의하자면 주경야경(晝耕夜耕)이다. 일터에서 열심히 일하고 귀가한 후에는 밀린 가사에 정신이 없다. 청소, 빨래, 설거지의 기초 3종 세트는 기본이다. 집에 일단 들어오면 제일 귀찮은 것이 밖에 다시 나가는 것인데, 저녁식사 후 냄새나는 음식물쓰레기 분리수거까지 담당한다. 아이 목욕시키고 책 읽어주고 재우는 것까지 끝나야 길었던 하루가 마감된다. 현실이 이러하니, 오히려 야근과 회식을 반기는 이들도 있다고 하고, 주말에 외출의 유일한 합법적 수단으로 반드시 혼자서 세차장을 들르기도 한단다.

대다수의 가정에서 맞벌이로 생활을 일구어 나가고 있으니, 당연한 풍경이라 할 수 있겠다. 나도 가사분담에 대해서는 당연하다고 생각하나, 우리 아버지들의 모습을 생각하면, 그 분들에 대한 부러운 마음이 생기는 건 어쩔 수 없는 듯하다. 선배들은 가끔씩 있는 친구들과의 주말 모임에 참석하려면 아침부터 집안 대청소는 기본이고, 다음날 아내들이 좋아하는 백화점 혹은 근교의 아울렛 쇼핑을 가기로 약속까지 한다고 하니, 이제는 점점 남의 일처럼 느껴지지 않는다.

문제는 이렇게 바쁘게 사는 이 아빠들의 미래도 불투명하다는 것이다. 현대의학의 발달로 자신의 의지와는 관계없이 장수를 누릴 확률이 매우 높아졌다. 왠지 우리세대는 90까지는 너끈하게 살 것 같다. 하지만 요새 들려오는 뉴스를 보면, 회사원의 경우 나이 50이면 정년이란다. 그렇다면 대략 20년동안 벌어서 나머지 40년을 살아야 하나 하는 큰 걱정이 앞선다. 물론 10~20년 후의 일을 어떻게 알 것이며, 그 때에는 정년이 늘어날 것이라는 희망어린 예상들도 있지만 정년이 60으로 연장되더라도 30년 벌어서 30년을 버티고 살던지 아니면 제2의 창업을 해야만 한다.

그렇다면 은퇴 이후 삶의 준비를 위해 자기계발을 해야만 한다. 하지만 현실을 녹록치 않다. 낮에는 생계를 위해, 밤에는 가족을 위해, 주말엔 가족과 나들이라도 한 번 다녀와야 아빠로서 체면이 서는 세상이니, 모두가 자고 있을 새벽시간에 일어나 남들보다 한 시간이라도 뭔가 더 해야 한다는 얘기다. 이런 눈물겨운 몸부림을 쳐야 남들보다 조금이나마 더 열심히 살고 있다는 위안을 얻기도 한다.

30대 아빠들보다 더 안타까운 건 40대 아빠들이다. 그들은 밑에서는 실력 있는 후배들이 치고 올라오지, 위로 올라갈 자리는 한정되어 있지, 상사에게 쓴 소리 듣기 싫어하는 캐릭터들도 처자식 생각하면 참을 수밖에 없는 현실에 슬퍼올 것이다. 이렇게 힘들게 일하고 집에 들어가면, 내 노동의 존재의 이유인 가족들은 나를 반겨주지도 않고, 개인플레이에 여념이 없다. 아내는 요즘 뜨는 아이돌 스타가 출연하는 TV드라마에 푹 빠져있고, 중고등학생 애들은 학원에 갔거나, 방에 들어가 스마트폰 만지작거리느라 얼굴 보기도 힘들다. 더욱이 자기들도 나름 컸다고 아버지와는 놀아주지도 않는다. 요새는 아이가 좋은 대학을 가려면 할아버지의 재력과 엄마의 정보력과 아빠의 무관심 이렇게 3박자가 어우러져야 한다는 말이 있을 정도로, 아버지의 존재는 집안에서 점점 작아져 가는 듯하다.

게다가 요새는 아이 키우는 일도 점점 어려워지고 있다. 저출산이 사회적 문제라고 한다. 내 나이 또래만 해도 보통은 형제가 둘, 많으면 셋이었고, 외동은 그리 많지 않았었다. 하지만 지금은 다르다. 내 주변의 가까운 사람들을 봐도 상당수가 하나만 낳아서 기르고 있다. 아이가 둘이면 맘을 크게 먹고 세상을 향한 도전을 하는 느낌이 들기까지 할 정도다. 우리 세대의 부성애, 모성애가 우리 부모님 세대보다 떨어져서 그런 것은 결코 아닐 것이다.

저출산 현상의 가장 큰 원인은 경제적 이유다. 얼마 전, 내가 좋아하는 선배 두 명이 둘째아이 갖기를 포기했다는 이야기를 들었다. 평소 누구보다 성실하게 바르게 생활하면서 또한 아이를 그렇게나 좋아하는 선배들이 그런 결정을 내리게 되었다는 것에 마음이 짠해져왔다.

자녀 한 명을 낳아 대학을 졸업시킬 때까지 평균 2억 7천만 원이 든다는 기사(2012.10.24, MBN)를 본 적이 있다. 얼마 전, 딸을 낳은 선배는 출산 직후 한 달 동안 천만 원이 넘는 비용이 들었다고 한다. 물론 그이가 평균치보다 조금은 넉넉하게 지출하였다는 생각이 들었지만, 결코 과하다는 느낌이 들 정도는 아니었다.

이렇듯 지금은 아버지가 되는 것 자체가 힘들고, 되고 나서도 더욱 부단한 노력을 해야만 한다. 이 시대를 살아가는 모든 아버지들에게 위로의 박수를 보내며 힘내시라는 파이팅의 메시지를 드린다.

09 ▸▸▹
결코 슈퍼맨이 아니었던 우리 아빠

_정상훈

어렸을 때 내가 가장 무서워했던 것은 도둑이나 강도였다. 비슷한 또래 아이들의 공포의 대상이 귀신이나 유령이었던 것에 비하면, 어려서부터 나는 꽤나 현실적이었던 것 같다. 그래서 아빠께 여쭤봤던 적이 있었는데 아직도 기억이 난다. "아빠, 아빠랑 도둑이랑 싸우면 당연히 아빠가 이기죠?" 그에 대한 대답이 "그럼, 당연히 아빠가 이기지."였는지, 아니면 "아빠가 도둑을 어떻게 이기냐."였는지는 정확하게 기억이 나지 않는다. 대답이 중요했던 것은 아니었기 때문일 것이다. 다만, 그 때 내가 가장 두려워했던 존재는 도둑이었고, 그럼에도 아빠는 당연히 도둑을 이긴다고 생각했기 때문에, 아빠는 세상에서 가장 센 사람, 내게는 슈퍼맨이었다.

아빠는 슈퍼맨이었다. 우선 젊었을 때 아빠는 굉장히 잘생겼었다. 달리기도 무척 빨랐고, 턱걸이도 다섯 개를 넘게 했다. 팔씨름을 하면 형이나 나나 절대 당해낼 수가 없었다. 단순히 물리적인 면에서 뿐만 아니라 경제적으로도 아빠는 슈퍼맨이었다. 남들이 부러워할 만한 번듯한 직장에 다니셨고, 과장 – 차장 – 지점장 그렇게 직장 내에서 승진도 순탄하게 하셨다. 내가 갖고 싶은 걸 마음대로 다 가질 수 있었던 것은 아니었지만, 꼭 필요한 게 있으면 돈이 없어서 살 수 없었던 것은 거의 없었다. 어렸을 때 나는 기왕 물건을 살 때는 좋은 것을 사야 한다는 아버지의 지론에 따라 야구 글러브, 축구공, 신발도 꽤 좋은 걸 가질 수 있었다.

그래서인지 몰라도, 아빠는 언제 어디서나 당당하셨던 것 같다. 깊은 속사정은 알 길이 없지만, 어렸을 때 몇 가지 전해들은 얘기에 의하면 아빠는 직장 생활을 하실 때 상관들을 상대할 때도 항상 당당함을 유지하셨다고 들었다. 내가 어렸을 때 소설 삼국지에 등장하는 인물들 중에서 '윗사람들에게는 거만하다 싶을 정도로 당당했고, 아랫사람들에게는 오히려 따뜻했던' 관우를 가장 좋아했던 것도 그런 아빠의 영향을 받아서일지 모른다. 집에서는 말할 것도 없었다. 아빠는 엄마 앞에서 당당함을 넘어 일방적이고 절대적이었다. 적어도 어린 내 눈에 보기에 아빠는 무소불위의 절대 군주였고, 엄마는 그저 약자였을 뿐이다.

하지만, 아빠가 슈퍼맨이 아니라는 사실을 시간이 흐르면서 조금씩 알 수 있었다. 몇 가지 기억나는 사실들을 적어보자면, 초등학교 다닐 때 아빠가 차를 바꾸신 적이 있었다. 그 때 한창 잘나가던 중형차인 크레도스로 바꾸느냐, 준중형차인 세피아로 바꾸느냐를 가지고 가족들 사이에서 이런 저런 얘기가 오갔는데, 어린 마음에 나는 친구들에게 우리집 차를 크레도스로 바꿀 거라고 자랑하고 다녔었다. 하지만, 결국 아빠는 세피아를 사기로 결정하셨다. 여느 사내아이들처럼 자동차에 관심이 많았던 나는 겉으로 드러내지는 못해도 속으로 무척 아쉬워했던 기억이 난다.

생각해 보면 우리집이 그렇게 잘 살았던 것은 아니다. 그리고 그 사실을 나는 어렸을 때부터 이미 어느 정도 알고 있었던 것 같다. 일곱 살 때 처음 아파트에 들어갔을 때에도 그 집을 전부 우리집 돈으로 장만한 게 아니라, 은행에서 많은 대출을 받아 산 걸 알고 있었고, IMF 때 아빠 회사에서 퇴직금을 중간 정산할 때 그 돈으로 대출을 갚았다는 것도 알고 있었다. 그리고 아빠 월급이 얼마 많지 않다고 생각했던 것 같다. 아빠 월급이 많지 않아서 돈을 아껴 써야 한다고 생각했었다. 금융권 직장인들 월급이 그렇게 많다는 걸 알게 된 건 오히려 얼마 전의 일이다.

오랜 시간 지방에서 살다가 내가 고등학교에 가면서부터 서울에 올라온 후에 가정경제는 더 어려워졌다. 지방 집값에 비해 서울 집값은 터무니없이 비쌌다. 게다가 그 때가 IMF 위기 직후라서 잠깐 떨어졌던 집값은 다시 치솟아 오르기 시작했다. 지방에 있던 아파트를 판돈으로는 서울 전세값에도 훨씬 못 미쳤다. 그래서 우리 가족은 지금 살고 있는 서울 외곽의 집에 들어오기 전까지는 서울에서 전셋집을 여러 번 옮겨 다녔다. 내가 고등학교 입학할 때부터 군대를 다녀올 때까지 이사를 네 번이나 해야 했다.

시간이 흘러서 내일 모레면 서른이 될 나이가 되니, 더 이상 아버지가 슈퍼맨으로 보이지는 않는다. 물론 그렇게 된 게 어제 오늘 일은 아니다. 군대에 있을 때였던 것 같은데, 어느 날 휴가 나와서 아버지 얼굴을 뵈니 많이 늙으셨더라. 나는 내년이면 아버지가 엄마와 결혼하셨을 때의 나이가 된다. 조금 나이를 먹어보니 내가 어렸을 때도 아버지는 슈퍼맨이 아니었음을 알 수 있을 것 같다. 어쩌면 각박한 세상에서 처자식 먹여 살리느라 전전긍긍하는 평범한 소시민에 가까웠을 것이다. 나는 이제 턱걸이를 한 번에 열 개씩도 할 수 있는 어른이 됐지만, 어른이 된 내 눈에도 이 세상은 한 가장이 살아가기에 너무 버거운 곳이라는 생각이 든다.

아버지께서 몇 해 전에 직장에서 은퇴를 하셨다. 평생 고생하신 아버지의 은퇴는 처음에는 축복으로 여겨졌지만, 무작정 축하할 일만은 아닌 듯하다. 얼마 전 얘기 중, 바로 당신의 노후가 충분히 준비되지 않았다는 말씀이 있었다. 개인적으로 굉장히 충격적이었다. 그 동안 어련히 알아서 준비하셨겠지 하고 막연히 생각했었는데, 그게 아니었다니 눈앞이 캄캄해져 왔다. 한 때 나의 슈퍼맨이었던 아빠가, 이제는 나의 부양을 받아야 할 노년이 가까워진 것이다.

아버지의 그 얘기를 접한 이후에 신문을 보니 아버지 세대의 노후 준비 상태가 매우 심각하다는 기사가 유독 눈에 자주 들어온다. 이게 내 아버지의 문제만은 아니었던 모양이다. 의학이 발달하고 삶의 질이 높아짐에 따라 인간의 수명이 점차 늘어나면서 우리 국민들의 평균 수명이 80세에 이른다고 한다. 하지만, 경제적으로 충분히 준비되지 않은 노후가 길어지는 것은 축복이 아니라 오히려 재앙에 가까워 보인다. 지금 이 시간에도 수많은 어르신들이 단칸방에서 빈곤과 힘겨운 씨름을 하고 있다. 그래도 한 때는 우리의 슈퍼맨이었던 아버지들이 초라한 모습으로 움츠려 계시는 모습을 보고만 있기에는 너무 속상하지 않은가. 이제는 우리의 아버지들이 다시금 어깨를 펴고 당당하게 살아가실 수 있도록 지혜를 모아야 할 시간이 온 것이 아닌가 생각한다.

제2장

아빠, 그들이 사는 세상

백마강으로 투신하는 궁녀들, 부여 고란사의 벽화 중에서

“나라는 날로 발전하여 선진국 클럽에 들어가고 있는데 힘없고 빽없는 국민들은 벼랑에 몰리고 몰려 갈 곳이 없는 나라, 누구를 위한 선진국이며 밀려나는 그들은 어디로 가야 할 것인가?

주여! 이 불쌍한 백성들 어디로 가오리까?
지도자들이여! 힘없고 빽없는 이 국민들 어디로 가야 하나요?”

01 ▸▸▹

그 때 대통령이 말씀한 행복지수는 어디에

전날 소위 '경제대통령' 을 뽑아놓고 국민들은 많은 기대를 했다. 허나 나는 거의 기대를 접고 있었다. 허긴 그전 역대 대통령 때도 공약을 제대로 이행한 것을 거의 보지 못했거나 앞뒤가 맞지 않을 때가 많았다. 대통령이 '한국적 민주주의' 를 외치던 시절은 가장 암울한 독재가 판을 쳤고, '정의사회 구현' 을 앞세웠던 그 대통령은 지금도 부정의 대명사로 굳건하게 건재하고 있다.

10여 년 전 지방에서 서울로 이주한 내가, 개인적으로 믿었던 소위 '준비된 대통령' 의 집값 안정공약에 기대를 하고 집 구입을 늦췄다가 크게 낭패한 경험도 있다.

더구나 지난 2007년 대선공약은 선거 전부터 믿기 어려운 부분이 많았고, 너무 즉흥적이고 뻥튀기 같은 공약이 많았다. 그의 747 공약은 뜬 구름 같은 것이었고, 당초 뻥튀기 성향이 강했었다. 그러나 귀가 부처님 귀처럼 순한 국민들은 그 말을 믿어보자 하며 압도적으로 지지했다. 그러나 몇 달이 채 지나지 않아 많은 국민들은 무언가 잘못되어가고 있음을 알아 차렸다. 그리고 촛불을 들고 광화문 광장에 모여 들었다. 깜짝 놀란 대통령은 잘못을 반성하고 잘 하겠다고 했지만 군중이 해산하자 언제 그랬냐는 식이었다.

'민생 5대지표' 개발도 무산
고용 · 주거환경 등 악화 이유
행복지수 개발 3년째 '무소식' [1]

'민생 5대 지표' 니 '국민행복지수' 개발이니 시작은 그럴 듯했고, 국민들은 기대할만 했다. 그러나 그 대통령이 2009년 광복절날 약속한 '민생 5대 지표' 개발이나, 그 뒤 약속했던 '국민행복지수' 개발도 뒷소식이 없다는 것이다.

그 후 온 국민이 열망하는 올라가야할 고용률은 떨어지고, 주거비 부담이며 월 사교육비나 인구 10만 명 당 강력범죄 발생건수 등 꼭 떨어져야 할 것은 올라갔다. 이러한 실정에 무슨 국민행복지수를 기대할 수 있을까? 그 대신 말의 성찬 릴레이는 계속 이어졌다.

박재완 기획재정부 장관이 2011년 11월 통계청 실업률을 근거로 "실업률도 3.0%로 세계 최저수준", "고용대박"이라고 발언했고, 그 대통령은 2012년 광복절 경축사에서 "우리 대한민국이 당당히 선진국 대열에 진입했음을 확인합니다."라고 선언했다.

---

1 최현준 기자, 한겨레, 2012.8.30. 1면

그 장관은 어느 나라 통계청의 자료를 근거로 했는지 그들이 말하는 실업률은 3% 밖에 안 되는데도 주변에는 청년실업과 노년실업자로 넘쳐난다. 대통령이 선포한 그 선진국의 신문과 방송은 어제도 오늘도 암울한 소식만 전한다. 도가니가 들끓더니 학교폭력이 꼬리를 문다. 민간인 사찰로 뒤숭숭하더니 불법자금 수수로 줄줄이 묶여간다. 또 대통령이 느닷없이 독도땅을 한 번 밟으니, 기다렸다는 듯 일본은 본색을 드러내고 대한민국은 애국심으로 무장한다.

"그런데 대통령님, 그때 대통령님이 말씀하신 행복지수는 어디로 갔습니까?"

"대리행복은 넘치는데, 진짜 행복은 어디에 있습니까?"

"약속을 했으면 좌우간 결과가 있어야 하지 않습니까?"

02 ▸▸▹

'대리행복' 으로 행복한 대한민국

그날 대통령의 광복절(2012년) 경축사를 듣고 있는 백성들은 행복에 겨워야 했다. 그런데 국민의 한 사람인 나는 그 경축사를 들으면서 화가 나기 시작했다. "오늘 대한민국이 당당히 선진국 대열에 진입했음을 확인합니다."라고 선언하는 대목에서는 매우 화가 났다. 나만 그랬을까?

그래서 임기 마지막 해 8 · 15 연설은 5년 임기를 정리하는 것이라고 할 수 있다. MB는 의미심장한 평가를 남겼다. "저는 2008년 취임사에서 '대한민국 선진화 원년' 을 선언했습니다. 오늘 대한민국이 당당히 선진국 대열에 진입했음을 확인합니다."

…(중략)…

대통령은 선진화의 완성을 외치지만 많은 국민은 동의할 수 없을 것이다. 경제수치가 좋다지만 양극화는 미국에 이어 세계 최악의 수준이다. 4년 전 취임사에서 MB는 자신의 성공을 거론하며 '꿈을 이룰 수 있는 나라'라고 강조했다. 하지만 여전히 많은 이는 한국은 '개인 인생의 선진화'가 어려운 나라라고 믿고 있다. 이것이 대한민국의 현주소다.[1]

이는 한 일간지의 사설이다. 내가 화가 난 이유를 광복절 다음날 이 신문 외에도 여러 언론에서 조목조목 정리해 주었다. 여론을 보면, 나뿐 아니라 많은 백성들이 화가 많이 나 있었다. 왜 화가 났을까? 아마 대통령은 측근과 특권층을 위한 경축사를 읽고 있었는지 모른다.

2008년 글로벌 금융 위기를 세계에서 가장 모범적으로 극복했다고 했고, 주요국 일자리가 2008년 위기 이전 수준으로 회복된 나라는 우리나라와 독일뿐이라고 했다. 국가채무 비율도 OECD 국가 중 가장 양호한 편으로 이 때문에 대부분 국가들의 신용등급이 떨어지는 가운데 우리나라 신용등급은 두 차례나 올랐다고 했다.

올해 대한민국은 세계에서 일곱 번째로 1인당 국민소득이 2만 달러를 넘고, 세계무대의 중심으로 성큼성큼 다가섰으며, 우리 역사에서 지금처럼 대한민국이 세계적으로 주목받던 때는 일찍이 없었다고도 했다. 그리고도 자화자찬은 계속 이어졌다. 아마 시간이 허락했다면 올림픽 금메달 소식처럼 짜릿한 자화자찬격인 치

---

1 중앙일보, 2012.8.16. 사설.

적을, 온종일 나열해도 부족하였을 것 같았다. 이렇게 대통령은 행복에 젖어 있는데, 이를 듣는 국민들은 화가 나고 있었다.

그러면 많은 국민들은 언제 행복할까? 외국에 나가보면 행복하다. 생소한 남의 나라에서 삼성 · 엘지의 큼직한 간판이 내 나라에서처럼 버젓이 중요한 자리를 차지하고 있고 현대 기아차가 여기저기서 질주한다. 참으로 대한민국 국민임이 자랑스럽고 행복하다.

외국의 프로구단에 나가있는 어느 선수가 한 골을 넣으면 그날 아침 주요 뉴스에 나오고, 스포츠 뉴스에 또 나온다. 차를 타고 가면 차안의 뉴스에 나오고 저녁 뉴스에 또 나온다. 직장에 가면 이 사람 저 사람이 이 뉴스를 전하면서 자기 아들 취직이라도 한 냥 좋아들 한다.

또 있다. 올림픽 기간 동안에는 잠을 자면서도 행복한 소식을 실시간으로 들을 수 있다. 자정이 넘어서도 이웃집에서 함성이 들려온다. 우리나라 선수가 금메달을 땄거나 골을 골인 시켰다는 메시지다. 최종 금메달 13개에 종합성적 5위란다. 어깨가 으쓱하고 행복하다. 잠시나마 생활고를 잊고 행복한 것이다. 허나 이러한 행복에서 다시 일상의 현실로 돌아오면 참담하다. 이 행복들이 '대리행복' 이기 때문이다.

국제투명기구가 어제 발표한 2011년 부패인식지수(CPI)에서 한국이 세계 183개국 중 43위로 지난해보다 네 계단이나 떨어졌다.[2]

---

2 매일경제, 2011.12.2. 사설

이명박 정부 4년 동안 수도권 아파트 전세값이 평균 24% 오른 것으로 조사됐다. [3]

그냥 쉬는 20 · 30대 56만 명, 지난달 전체로는 201만 명 최대 [4]

50대 10명중 7명 일하고……. 청년 10명중 6명 백수, '상반기 취업자 증가 8년만에 최고 [5]

MB정부 4년, 소득 양극화 심화, 월 100만 원 미만 근로자 가구 소득 3.4% 줄 때 600만 원 이상 가구 1.1% 늘어 [6]

이발소, 세탁소 절반 이상 연 매출 2000만 원도 안 돼, 자영업자 5곳 중 1곳 사실상 파산상태 [7]

가계 빚 922조……. 반년 새 또 최대치 경신, 2분기 10조9천억 급증……. 부채증가율 성장률의 두배 [8]

한없이 쏟아지는 이 나라 서민들의 아픔이다. 눈에 띄는 몇 개

---

3 박영률 기자, 한겨레, 2012.2.13.

4 최현준 기자, 한겨레, 2012.2.21.

5 최현준 기자, 한겨레, 2012.7.12. 17면

6 박준규 기자, 석간 내일신문(인터넷), 2012.8.6.

7 이상덕 기자, 매일경제 2012. 8.14. 14면

8 박순빈 선임기자, 한겨레, 2012.24. 18면

의 언론 보도 제목 등을 나열해 본 것이다. 이는 남의 나라 얘기가 아니다. 우리 대한민국 이야기다. 내 주변 이야기이고 나의 이야기이다. 그 경축사를 읽는 그 대통령이 통치하는 나라의 이야기다. 이렇게 어렵고 불행한 일이나 벼랑에 몰린 국민들에 대한 걱정이나 대안은 찾아보기 힘들다. 아마 경축사를 읽는 대통령만 몰라서 그런지 모를 일이다.

너희 중에 양 일백 마리가 있는데 그중에 하나를 잃으면 아흔 아홉 마리를 들에 두고 그 잃은 것을 찾도록 찾아다니지 아니하느냐? 또 찾은 즉 즐거워 어깨에 매고 집에 와서 그 벗과 이웃을 불러 모으고 말하되 나와 함께 즐기자 나의 길을 잃은 양을 찾았노라 하리라.[9]

2천여 년 전 저 먼 땅에서 가르침을 행한 예수 그리스도는, 이러한 비유를 들며 마지막 죄인 한 사람까지도 안아야 한다고 했다. 가장 불쌍한 죄인의 구원이 그이의 가장 큰 기쁨의 기준이었다. 그런 가르침에 인류는 오랜 세월이 지난 지금도 그분을 가장 훌륭한 지도자의 한 분으로 모시는 것이다. 2천여 년이 지난 뒤, 이 땅에서 국민 다수의 지지로 선출된 이 나라 최고의 지도자이며 그 예수를 신봉하는 장로 대통령의 관심과 기준은 왜 그리도 다를까?

9 성경 누가복음 15장 4-6

2011년 1인당 GNI 2만 2489달러……. 세계 10위란다. 이는 분명 세계 선진국 수준이다. 그런데 그 돈이 다 어디에 있을까? 국민들은 왜 이 순위만큼 행복하지 못하고 밀리고 밀리는 것인가?

이 나라 국민들, 혹시 4년전 베이징 올림픽에서 5위한 나라를 기억할까? 6위가 호주였는지 프랑스였는지를 알고 있는 사람은 거의 없을 것이다. 우리나라는 몇 등이나 하였을까? 그 등수에 보이지도 않는 스웨덴 국민들은 북한이 금메달 4개 따고, 세계에서 20등 했다고 부러워하지는 않을 것이다. 그러나 그 스웨덴 국민들은 행복하게 산다.

금메달이 얼마나 대단하고 어려운지는 나도 잘 안다. 실로 하늘의 별따기나 다름없다. 나는 동네 테니스장에 나가 간혹 월례대회를 치루는 데, 거기의 비슷한 수준 4~5개조에서 우승하기도 어렵다. 하물며 세계의 수십억 인구 중에서 1인자가 된다는 것은 얼마나 어렵고 대단한 일인지 짐작할 수 있다. 그래서 메달을 딴 선수들의 소식을 들으면 감동이 몰려오고 존경스럽다.

나도 새벽에 일어나 런던올림픽 축구경기의 우리 선수들과 일본의 3 · 4위전을 시청했다. 근래에 열대야 현상으로 밤잠 설치고 아침에 일어나기 힘든 무렵인데 이 경기는 궁금해서 더 잘 수 없었다. 박주영 선수가 환상적인 첫 골을 터뜨렸다. 그러나 여태 날 세다가 금방에야 잠자리에 들어간 큰 아이에게 골인 했다고 알리지 않았다. 일본에게 멋진 승리 했다고 잠자는 아내를 깨우지도 않았다. 그들의 생활 방식과 리듬이 있기 때문이다.

경기만 시작되면, 비장한 각오로 참전하는 계백장군 같이 금방 애국심으로 무장하는 것이 우리 국민들이다. 그리고 거기에 세상 만사 잊고 산다. 그러나 그 애국심에서 깨어나면 아득한 현실이 대기하고 있다.

한국이 세계에서 56번째로 행복한 나라로 조사됐다. 유엔 세계 행복보고서에 따르면 한국의 행복 점수는 10점 만점에 5점대 후반을 보이며 세계 150개국 중 56위를 기록했다. [10]

대통령은 경축사에서 꿈같은 말씀으로 일관하지만, 이를 경청하는 국민들은 결코 행복하지 못하다. 세계에서 56번째로 행복한 나라란다.

덴마크가 G20 정상회의를 개최했다는 소식은 못 들었다. 그들이 동네방네 떠들지 않아서 내가 모른지도 모른다. 그 나라는 올림픽에서 10위권 안에 들지도 못했다. 런던 올림픽에서 금메달 2개를 획득하여 금메달 순위 29위에 그쳤다. 우리나라에 비하면 참 유치한 수준이다. 그러나 그 나라 덴마크는 세계에서 가장 행복한 나라로 조사되었단다.

우리는 언제부턴가 '의제애국' '대리행복'에 너무 길들여진 것이다. 언제쯤 진정으로 나라를 사랑하고 자신의 행복에 겨워할까?

---

10 김덕식 기자, 매일경제, 2012.4.5.

03 ▸▸▹

비리로 얼룩진 대한민국 인사청문회, 미국 청문회는?

이한구 새누리당 원내대표는 이동흡 헌법재판소장 후보자 국회 인사청문회에 대해 "사상 최악의 인사청문회"라며 "이제는 인사청문회 무용론까지 나오는 단계"라고 말했다. 인사청문회 무용론에는 공감한다. 그러나 누가 누구에게 할 소리인지 헷갈린다. "새누리당 의원들은 인사청문회에서 열심히 했지만 우리만으로 되는 일은 아닌 것 같아 안타깝다.", "구태의연한 모습이 남아 있더라도 빨리 새로운 모습을 보여 국민 신뢰를 찾는 게 중요하다."는 그의 발언이야말로 구태의연한 말이다.

언론에 드러난 이동흡 후보자의 행적과 태도를 보면 치졸하고 뻔뻔하기 그지없다. 이를 끝까지 옹호하느라 이 원내대표는 궤변을 늘어놓고 있다. 벌써 권력의 단맛에 탐닉해 분별이 흐려진 것일까?

인사청문회란 무엇인가? 대통령이 고위 공직자를 임명할 때 국회의 검증절차를 거치게 함으로써, 국회가 대통령을 견제하여 인사권 행사를 신중하게 하는 데 목적이 있다. 여기서 가장 중요한 점은 고위 공직자로서 '적합한 업무 능력이나 인간적 자질'을 검증하는 것이다. 고위 공직자들은 일반인에 비해 다수 국민에게 많은 영향을 끼치기 때문에 그의 업무 능력이나 인간적 자질은 최고 수준이 요구된다.

그러나 근래 인사청문회에서는 본래의 목적이나 취지를 찾기 어렵다. 먼저 후보자로 추천된 인사들을 보면 불법이나 비리로 얼룩진 인사들이 너무 많다. 또한 과거 행적이 치졸하고, 뻔뻔하게 버티기까지 한다. 세상에 흠결 없는 사람이 있을까마는 어떻게 저런 인사가 여기까지 왔을까 의심스러울 때가 많다. 툭하면 '모르는 일이다.', '기억나지 않는다.'고 하는데 그런 기억력으로 고위 공직을 맡아 대체 뭘 하겠다는 것인가?

다음은 검증자의 태도다. 고위 공직자로서의 '업무 능력이나 인간적 자질' 검증은 뒷전이다. 여야 패싸움에 가깝다. '5 · 16은 헌정파괴 쿠데타냐 아니냐.' '천안함 사태는 누구의 소행으로 보느냐?' 등 궁지에 몰아넣기 위한 수준 이하의 질문을 하고도 핵심을 찔렀다고 으스대지는 않는지? 최고위 공직자를 검증하는 청문회라면, 세종대왕이나 이충무공의 애민 · 애국정신, 정약용 선생의 〈목민심서〉에 대한 견해 등을 물을 수도 있다. 법조인 관련 청문회라면 김병로 초대 대법원장의 행적과 견주어 볼 수도 있다. 그러한 청문회라면 격조 높고 국민들이 신망하는 자리가 될 것이다.

그런데 애초부터 불법 · 비리로 얼룩진 인사를 추천하게 되면 끝까지 수준 낮은 검증이 될 수밖에 없다. '위장전입은 왜 했느냐?', '군대는 왜 안 갔느냐?', '왜 세금은 안 냈느냐?', '공금 유용 아니냐' 등 범죄 추궁성 질문이 한없이 이어지고, '결정적 하자는 없다.'는 등의 응수로 국민들이 역겨워하는 청문회가 될 것이다. 물론 간혹 잘못 추천할 경우도 있다. 이때는 체면이나 고집보다는 빨리 차선책을 내놓는 길이 국민들의 신뢰를 얻는 최선의 길이다.

차제에 한 가지 제안을 한다. 후보자에게 실정법 위반 혐의가 있으면 수사기관은 곧바로 수사에 착수해야 한다. 청문회에서 낙마시킨 것으로 만족하고 미안해하는 것으로 끝내면 수준 낮은 청문회의 악순환은 계속될 것이다. 청문회가 고위층 후보자의 불법 · 비리를 세탁하고 면제해 주는 자리가 되어서는 결코 안 된다. 최근 현금 4만여 원을 훔친 어느 50대 불우한 남성에게 1년6월의 징역형이 선고됐다. 법은 힘없는 자에게만 추상같이 적용되는 것인지를 묻지 않을 수 없다.

인사청문회 무용론에 깊이 공감한다. 그러나 다시 인사청문회의 목적과 중요성을 인식해야 한다. 먼저 고위 공직자로서 '국민을 위한 업무 능력이나 인간적 자질'을 갖춘 사람을 가려 신중히 추천해야 한다. 다음 내 편 네 편, 편 가르기 검증이 아니라 국민을 대표해서 검증하는 것이 더욱 중요하다.[1]

---

1 정병길, 『인사청문회 무용론에 공감은 하지만』 한겨레, 2013.2.29. 29면 (필자가 한겨레신문에 투고하여 게재된 글로 전재함)

우리나라 인사청문회를 보면 추천자, 후보자, 질문자 왜 그리 삼박자 모두 한심한가? 불법 비리로 얼룩진 부적합한 후보 당사자는 마지막 투전판에 나온 도박사 같다. '천국으로 가느냐, 나락으로 떨어지느냐' 는 버티기에 달려 있다. 불법 비리로 얼룩진 부적합한 후보를 추천하고도 추천한 측은 반성이나 부끄러워하기는 커녕, '도덕성 보다는 능력이 문제다.' 느니 '결정적 하자 없다.' 라는 등 안하무인의 발언을 서슴없이 하는데, 이를 지켜보는 많은 국민들은 깊은 한숨을 짓는다.

특히 미국 등 선진국의 청문회를 들먹이며 상대측의 발목잡기라고 본질을 호도하며 억지를 써댄다. 그들은 진정 선진국 청문회를 한 번이라도 알아보고 하는 주장일까? 이를 보며 정치인이란 저리도 낯이 두꺼워야만 하는가를 의심하지 않을 수 없다. 자, 그러면 현지 특파원 보도나 칼럼을 통하여 정치 선진국 미국의 청문회장을 살펴보기로 하자.

미국은 어떻게 하기에
사전검증 철저… 통과한 사람만 청문회
백악관 · FBI · 국세청 · 공직윤리위 등 나서
청문회선 사실상 '정책' 밖에 할 게 없다

미국의 인사 청문회 제도가 정책 청문회로 잘 운영된다는 평가를 받는 것은 사전에 기본적인 도덕성 검증이 철저하게 이뤄져 이를 통과한 사람들만 청문회에 서기 때문이다.

미국의 고위공직자 인선은 우선 대통령 측근 참모들이 비공식

적으로 진행한다. 참모들이 여러 사람들의 의견을 들어 후보자 명단을 만든 뒤 하나씩 좁혀나간다. 후보자 수가 좁혀지면 대통령이 인터뷰를 하기도 하고, 언론에 흘려 여론을 듣기도 한다. 특히 대통령의 집권 초기 고위공직자 임명 과정은 전국적으로 인물을 물색해 최선의 인물을 선택했다는 인상을 국민들이 갖도록 하는 정치적 연출 과정으로 인식된다.

후보자가 선택되면 청문 절차는 크게 과거자료 조사, 평판 확인, 청문회 3단계를 거친다. 과거자료 조사는 후보자들이 적어내는 200개 이상의 질문으로 구성된 사전 질문지를 바탕으로 한다. 우리나라는 적어내는 가족 범위가 본인 외 배우자 · 자녀뿐이지만, 미국은 부모, 배우자의 부모, 형제, 후견인까지 포함된다. 특히 최근 7년간 후보자의 거주지를 확인해줄 수 있는 이웃 지인까지 써내게 한다. 불법적인 마약소지나 사용 경험 등 전과기록과 세금 체납이나 소득세 신고를 하지 않은 경험 등 납세 정보도 중요 항목이다. 이런 정보들을 바탕으로 백악관 인사처와 연방수사국(FBI), 국세청(IRS), 공직자윤리위원회가 검증에 나서며, 필요할 경우 후보자에 대한 심층면접도 할 수 있다.

이어 이웃이나 직장 상사 등을 대상으로 후보자에 대한 평판을 확인한다. 대인관계나 고위공직자에 걸맞은 리더십과 능력을 갖췄는지를 점검하는 것이다.

이런 과정에서 문제점이 드러나면 후보자 스스로 사퇴하거나 대통령이 지명을 철회한다.

이렇게 도덕적 검증을 통과한 사람들만 청문회에 서는 만큼 실제 청문회는 후보자의 능력과 정책 중심으로 진행될 수 있는 것이다. 또 상원에서 인준이 거부되는 사례도 매우 드물다. 한 조사를 보면, 1960년부터 2000년 사이에 상원 본회의에서 인준이 거부된 경우는 6명밖에 안 된다.[2]

이는 어느 언론의 미국 현지 특파원이 전하는 내용이다. 좀 더 생생하고 정확히 전달하기 위해서 전문을 게재했다. 저들이 곧 잘 들먹이는 선진국 미국은, 우리나라 인사청문회보다 얼마나 더 사전 · 사후 점검을 철저히 하는지 알 수 있다. 다음 다른 한 신문의 현지 특파원의 칼럼을 보자.

김용준 총리 후보자는 두 아들 모두 병역 면제를 받고 과거 7세 아들에게 부동산을 편법 증여하고 부동산 투기를 했다는 의혹이 불거지자 스스로 물러났다. 아직도 버티고 있는 이동흡 헌법재판소장 지명자는 위장전입, 공무 중 가족 동반 여행, 업무추진비 유용 등 민망한 의혹이 연이어 터지면서 심각한 자질 시비에 휘말린 상태다. 각종 의혹에 대해 이들은 속시원한 해명은 하지 못하면서 억울하다고만 한다.

일각에서는 이들에게 동정적인 시선을 보내기도 한다. '신상을 털듯 검증을 해대면 예수마저도 청문회를 통과하지 못할 것' 이라며 살살 하라고 한다. '미국에서는 이렇게까지 심하게 하지 않는다.' 고 주장한다.

---

2 박현 한겨레 워싱턴 특파원, 『미국은 어떻게 하기에』, 한겨레, 2013.2.1. 6면. (저작권자의 승낙을 받아 전재함)

틀린 얘기다. 미국이 더 철저하게 후보자 검증을 했으면 했지 덜하지 않는다. 만약 미국에서 이 같은 개인적 의혹이 불거졌다면 언론이 더 집요하게 물고 늘어졌을 것이다.[3]

이렇게 미국 현지에 나가있는 특파원들은 후보자 검증에 미국이 훨씬 심하다고 하는데, 국내의 책상에 앉아 있는 일부 선량들은 '미국에서는 이렇게까지 심하게 하지 않는다.' 고 윽박을 지른다. 이는 남대문을 못가본 시골뜨기가 '남대문 문턱 높더라.' 고 우기는 격이나 다름없다. 뽑아 준 지역의 주민 체면을 조금이라도 생각한다면, 이런 개그만도 못한 수준의 얘기는 나오지 말아야 될 것이다.

국민의 세금으로 해외연수 명목으로 곧잘 나가던데 연수는 뒷전이고 유람이나 하고 돌아오니 제대로 보고 온 게 있나? 해외연수를 나가면 제발 선진 생활양식이나 선진제도 등에 관심을 더 갖고 공부 좀 하고 오시라.

우리나라 국회의원들, 미국 의회와 의원교환 협약을 하면 어떨까? 기왕 세금을 쓰려면 제대로 써야하지 않나?

그리고 우리나라 인사청문회 후보자들, '미국의 모의 인사청문회' 에 먼저 세워보자. 과연 통과할 인사가 몇 있을까?

---

3 박봉권 매일경제 뉴욕 특파원, 『너무 다른 한 · 미 공직자 검증』, 매일경제, 2013.2.4. A34.

04 ▸▸▹
악어의 눈물 뒤에, 피눈물 흘리는 백성들

이명박 정권의 최고 실세로 꼽히며 이른바 '방통대군'이라 불렸던 최시중(75) 전 방송통신위원장이 법정에서 흐느꼈다. 자신의 범행을 반성하고 참회하는 눈물이라기보다는, 정권 말기에 구속된 자신의 '참담한' 처지를 한탄하는 초라한 눈물로 보였다.[1]

그는 "수감되고 나서 110일을 넘기면서 정신적 육체적으로 버틸 수 없는 한계가 왔다."며 그 같은 나이에 건강이 한 번 꺾이면 회복이 어려운데, 한계점에서 버티고 있기 때문에 (보석 신청이) 받아 들여졌으면 좋겠다고 말하며 흐느꼈다고 한다. 이 말을 전해 들으니, 이럴 때 사용하라고 포식한 후 눈물을 흘린다는 '악어의

1 박태우 기자, 한겨레, 2012.8.23. 10면

눈물' 이란 말이 있나보다. 또한 '인간의 어떤 부류는, 이웃의 아픈 처지에는 눈 하나 깜짝 안 해도 제 몸 사리는 데는 저렇게 초라하게까지 하는가보다.' 라는 의아한 생각이 든다. 한편으로는 '저렇게 연기를 잘해야 출세를 하는가 보다.' 라는 생각도 든다.

전날 소위 대통령의 멘토로서, 자칭 국민의 롤모델로서 정권의 실세로 있을 때 그는 세상을 쥐락펴락할 영향력을 가지고 있었다. 그는 위용이 당당했고 품위가 있었다. 그를 추종하는 많은 무리들은 그의 말을 금언으로 여겼고 그를 신주 모시 듯 했다.

그때 용산의 허름한 남일당에서는, 그들이 통치하는 이 세상에서 밀려난 어느 불행한 가장들이 죽어서도 거의 1년이나 저승으로 떠나지 못하고 있었다. 그 책임이 있다고 생각되는 정부나 관련자들이 나 몰라라 하여 그 가족들은 장례를 치루지 못한 것이다. 그건 그 가족들은 물론이고 바라보고 있는 국민들에게도 한계 상황이었다. 그때 그는 대통령의 멘토로서 자칭 국민의 롤모델로서 최고의 실세였다. 그러한 그가 이번 수감되고 나서 110일에 한계를 느낀다며 흐느꼈다고 하는데, 그때 그는 그 긴 시간에 어떤 생각을 하고 있었을까?

그는 또 "2006년 7월부터 1년간 매달 5000만 원씩 받은 게 전부"라며 "정치를 해보면 알겠지만, 한 달에 5000만 원씩 1년에 걸쳐 받은 것은 그렇게 큰돈이 아니다."고도 했다. …(중략)…

하지만 검찰은 "세상에 공짜 점심은 없다."며 반박했다. 검찰은

이날 징역 3년6개월과 추징금 8억 원을 구형했다.[2]

"정치를 해보면 알겠지만, 한 달에 5000만 원씩 1년에 걸쳐 받은 것은 큰돈이 아니다."라고 하니, 얼마부터가 큰돈인지, 정치자금법은 왜 만들었는지 궁금할 뿐이다.

전날 자기를 장관으로 임용한 대통령 앞에서도 당당했던 김근태 전 의원은 국회의원 시절에 국정감사차 지방 현지에 나가면 공짜는 밥 한 끼도 삼가 했다는데, 정치하는 사람이 달라서일까, 시대가 달라서일까?

국민의 롤모델이라는 그가 '한 달에 5000만 원을 큰 돈이 아니라고 하는 이 나라에서 젊은이들은 88만 원 세대로 전락하고, 소위 전세난민 · 노후난민들은 늘어가고 벼랑으로 몰리며 피눈물을 흘리고 있는 것을 그는 보지 못할까, 느끼지를 못할까?

경북 봉화군 물야면 주민 23명이 1인당 평균 160여만 원의 과태료 처분을 받게 됐다. 이들은 국회의원 예비후보자 선거사무소 개소식에 참석해 150만 원 상당의 음식 대접을 받았다가 선관위에 적발됐다. 서울에서는 대학생 11명이 예비후보의 비서로부터 접대를 받았다가 모두 546만 원의 과태료 처분을 받았다.

…(중략)…

2008년 청도 군수 선거 때는 주민 수십 명이 검찰 조사를 받고, 2명의 선거운동원이 자살했다. 또 전남 해남과 화순에서도 지방

---

2 정원엽 기자, 중앙일보, 2012.8.23. 16면

선거 때 주민 수십 명이 무더기로 과태료 폭탄을 맞아 한 마을이 쑥대밭이 됐다. [3]

선거철이 끝나면, 어느 시골 주민들이 마을 행사에 참여해 바라지도 않은 밥 한 끼 얻어먹고 선거법 위반으로 무더기 과태료 폭탄을 맞아 마을 전체가 쑥대밭이 되었다는 소식을 듣는다. 예부터 좋은 일 있으면 마을사람 불러 식사 대접은 잘하는 것이 시골 인심이다. 이제 그 밥 한 끼도 잘 구별하여 대접 받아야 한다. 이를 잘 못 알고 먹으면 최고 50배의 과태료를 물게 된다. 이런 법이 다 그들 국회의원들이 만들지 않았나?

그런데 이 서민들은 그들이 만든 법에 밥 한 끼 잘 못 먹고도 불려가서 혼나고 벌금폭탄을 맞고 쑥대밭이 되곤 하는데, 이들을 돌보는 정치를 하면서 한 달에 5,000만 원을 우습게 여기니 기가 찰 노릇이다. 법은 소위 아랫것들이나 지키란 말인가? 그는 '태산에 부딪쳐 넘어지는 사람은 없지만 사람을 넘어지게 하는 건 작은 흙무더기라고 한다.' 며 눈물을 흘렸단다. 작은 흙무더기를 조심할 일이다. 아니다. 무슨 작은 흙무더기를 탓하는가? 그 고귀한 자리에 있을 때, 본인의 발걸음을 조금만 조심했어도 되는 것을…….

해질녘이면 무소불위의 권력이 무상하다는 것을 실감하게 된다. 예로부터 권불십년이라고 했다. 민주화된 이 세상은 권불오년으로 변했다. 보다 더 정의로운 나라가 되면 권불오년도 없어져야 한다. 대신 어려운 백성의 진정한 롤모델과 멘토가 많아져야 한

---

3 매일신문 사설, 2012.2.22.

다.

학창시절 어느 신문에선가 읽었던 도산 안창호 선생의 아들 이야기가 어렴풋이 생각난다. 어린 시절을 극히 어렵게 살았던 그는 '자신은 아버지(안창호)와 같은 (가난한) 삶을 살지 않겠다.' 는 내용이다. 일제강점기에 미국으로 건너가 생활했던 그이는 그 사회에서 바닥 생활을 하는 동포들을 챙겨야 했다. 어려운 나라를 위해 헌신하고 불쌍한 백성을 돌보느라 정작 자신의 가정은 거의 돌보지 못한 민족의 큰 스승 안창호 선생의 고단한 가정사의 한 단면을 짐작해 볼 수 있는 것이다. 그러한 애국과 헌신에 그이는 본인의 뜻과는 상관없이 국민의 영원한 롤모델로 빛나는 것이다. 그때는 크고 작은 안창호들이 많았다고 하던데…….

고난의 시대에 불행한 백성들과 함께 했던 그러한 롤모델과 멘토들이 더욱 그리워지는 시대이다. 그렇다고 물질적으로 풍부해진 이 시대에, 그때의 안창호 선생처럼 가정의 희생까지 감수하는 롤모델이나 멘토를 기대하거나 요구할 필요는 거의 없다. 적어도 국민의 세금을 국민의 것으로 여기고, 약자의 눈물도 인간의 눈물이라는 것을 아는 그런 지도자, 안창호 선생의 생각을 조금은 닮은 지도자들이면 된다.

05 ▸▸▹
전세 인상분 1억 원은 어디서?

서울 강북구 길음동 길음뉴타운 8단지 전용 84㎡형 아파트에 사는 양 모씨는 집주인에게서 전세금 1억 원 가량을 올려달라는 통보를 받았다.

김씨는 고심 끝에 보증부월세를 택했다. 전세보증금을 올리지 않는 대신 매달 50만 원을 집주인에게 송금하기로 합의를 봤다.

…(중략)…

집값이 오르면 집 소유주들은 시세 상승에 대한 기대감을 갖게 된다. 일정기간이 흐른 뒤 집을 팔아 매매차익을 거둘 수 있기 때문에 적정한 금액에 전세시장에 집을 내놓는 일종의 사회적 합의에 동참한다.

하지만 집값이 하락하면 얘기가 달라진다. 집을 보유하고 있어봤자 집주인으로서는 얻는 게 아무것도 없다. 더군다나 은행 빚을

지고 집을 구입한 경우라면 애꿎은 이자비용만 부담해야 한다. 이자라도 보전 받으려니 전세금을 올리는 게 불가피하다. 임대차 방식을 전세에서 매달 일정액을 지불하는 월세로 전환하는 사례가 느는 것도 이 같은 이유 때문이다.

이른바 집값 하락 비용의 전가(轉嫁) 구조 탓이다. 집값이 지속적으로 떨어지다 보니 집주인들이 그만큼 전세금을 올려 손실을 메우려 한다는 것이다.[1]

전세금 1억을 올려달란다. 이에 목돈 없는 세입자들은 월세 50만 원을 내겠다고 한단다. 한 달에 5000만 원씩 1년에 걸쳐 받은 사람들이나, 재력이 있는 사람들에게는 1억의 부담은 대수롭지 않을 수 있다. 그런데 전세로 사는 사람들에게 1억이란 어떤 돈일까?

우리나라 연간 1인당 쌀 소비량이 70여kg이란다. 4인 가정이라면 넉넉잡고 300kg 정도로 볼 수 있다. 쌀 20kg 한포 가격은 5만 원 정도다. 4인 가족 한 가정당 1년에 75만 원 정도의 쌀값이 드는 것이다. 이 1억 원은 4인 가정이 주식인 쌀을 130여 년 먹을 수 있는 돈이다.

겨울에 접어들면 내년 여름까지 먹을 김장을 하는데 한 가정이 20여만 원 정도 든단다. 장마나 가뭄 등 이상 기후로 채소값이 좀 비싸지면 금배추니 금채소니 하면서 언론은 나라 경제가 절단날 것처럼 호들갑을 떨면, 정부는 '수입을 해서라도 안정' 운운 하게 된다.

---

1 이명진 · 백상경 기자, 매일경제, 2012.9.5. A3.

올해(2012년)도 지난 여름 가뭄과 태풍 등의 영향으로 채소의 작황이 좋지 않아 김장비용이 한 가정에 30만 원을 웃돌 거라고 예상하는 뉴스가 전해진다. 설령 30만 원이라 해도 이 1억 원은 300년 이상을 김장할 수 있는 비용이다. 2년 사이에 이 돈을 더 내라 한다니 얼마나 황당한 일인가?

물론 1억 원이 날아가는 돈은 아니지만 평생 세를 산다면 이자 없이 사장된 돈으로 볼 수 있다. 이 1억 원을 마련하지 못해 보증부월세로 매달 50만 원을 더 내게 되면, 1년에 600만 원을 추가 지불해야 한다. 이는 4인 한 가정의 8년 쌀값이요, 20년 김장 비용이다. 벌이만 좋으면 1억 원이 별문제며, 매달 50만 원 더 내는 것이 문제일까마는, 근년에 서민들이 벌이가 좋았던 적은 없고 점점 궁지로 몰리고 있는 현실이니 이 돈들을 어찌 마련하란 말인가? 그렇다고 집 주인들만 탓할 수 없다. 보다시피 집 주인은 집 주인대로 아픈 사정들이 있을 것이다.

물론 나도 서울의 전세값 올리는데 일조한 사람이다. 우리는 10여 년 전에 지방에서 서울로 집을 옮겼다. 지방 도시의 집을 팔고 보니 그 돈으로 서울 외곽의 전세 얻기에도 어림없었다. 그래서 틈이 나면 아내와 함께, 싸고 적당한 집을 구하러 다녀야 했다. 집을 구하러 다니던 어느 날이다.

아내 : (짜증을 내며) 서울은 왜 이리 집들이 비싸?

나 : 정말 몰라?

아내 : 왜요?

나 : 우리까지 올라왔잖아…….

그건 사실이다. 지방에서 평생 살려고 마음먹었던 우리까지 올라왔으니, 서울 집값이며 전세값은 올라 갈 수밖에 없는 것이다. 그런데 사람들은 왜 서울로, 서울로 몰려 드는가? 살아야 하기 때문이다. 애들을 서울의 학교에 보내야 취직이 더 쉽고, 취직다운 취직을 해야 돈을 벌어 살 수 있기 때문이다.

왜 지방에서 학교를 나오면 취직이 어렵고 돈 벌기가 더 어려운가? 왜 너나 나나 다 대학을 나와야만 하는가? 정부가 발표한 실업률은 3% 밖에 안 되는데 주변 사람들은 일자리를 못 구해서 아우성인가? 직장에 다니는 많은 근로자들은 왜 사활을 걸고 투쟁해야만 하는가? 이런 문제가 진짜 문제인 것이다.

이를 해결하는 적임자라고 수없는 사람들이 자칭 지도자로 나서고 선거는 수없이 치러진다. 그때마다 뽑아준 그 지도자들, 다 어디에 있기에 아직도 좋은 소식은 들려오지 않는가?

그나저나 그 세입자들은 전세금 1억 원을 더 마련했을까? 아니면 우선 보증부월세 매달 50만 원씩을 어디서 더 벌고 있을까?

06 ▸▸▷

부자 감세로 경기 살린다는 것은

부자 감세로 일자리를 창출하고 경기를 살린다는 지난 정부의 정책이 시행된 지 5년이 다 되어간다. 애초에 믿기지도 않는 말이었지만, 이 정책 시행으로 일자리가 늘었다거나 경기 부양에 기여했다는 얘기는 어디에도 없다. 이를 동조했던 국회의원들이나 관리들은 반성은 고사하고 '내가 언제 그랬냐?' 식의 딴전 피우기에 바쁘다. 그러고도 입만 벌어지면 국민을 위해 사는 사람들처럼 행세하니 우선 낯은 두껍고 볼 일이다.

사실 부자 감세로 경기 살린다는 것은, 부자가 바늘귀 뚫고 천국 가는 것보다 어렵다. 그 답은 간단하다. 당신은 부자로부터 밥 얻어먹은 경험이 많은가? 부자에게 밥 사준 경험이 많은가? 부자들이 주머니가 두둑하다고 결코 베풀지 않는다는 얘기다.

실로 세상 사람들이 부자에게 밥 대접해 보려고 서로 줄을 서

있지만 밥 한 끼 사기 어렵고, 빈자들은 밥 좀 구하려고 줄서 서로 다투지만 공짜 점심 한 끼 제대로 얻어먹기 힘들다. 한편 세상 부자들은 공짜 점심 사는 것이 별일 아니지만 살 일이 없고, 빈자들은 세상에 좀 베풀어 보고 싶어 하지만 가진 게 없다.

돈은 일상생활에서 반드시 필요하고 돈이 없으면 존엄하게 살기가 힘들다. 허나 돈 앞에서는 존엄을 지키는 부자들도 거의 없다. 피를 나눈 형제간도 원수가 되는 부자들이 많다. 심지어 부모 자식 간에도 법정까지 가서 다투는 부자들도 있다. 알만한 어느 부자 교회 목사 댁은 가족 간에 재산다툼으로 견원지간이 되어 세상 사람들을 놀라게 한다.

주 너의 하나님이 네게 명령한대로 네 아비와 네 어미를 공경하라. 그리하면 주 너의 하나님이 네게 준 그 땅에서 네 날들이 길어지고 네가 잘 되리라.[1]

친구는 사랑이 끊이지 아니하고 형제는 위급한 때까지 위하여 났느니라. (A friend loves at all times and brother is born for adversity.)[2]

사촌 다섯명을 구하기 위해 자기의 생명을 버리는 유전자가 개체군내에 많아질 리는 없으나, 형제 5명이나 사촌 10명 때문에 생

---

1 성경 신명기 5장 16절

2 성경 잠언 17장 17절

명을 버리는 유전자의 수는 많아질 것이다. 이타적 자살 유전자가 성공하기 위한 최소의 조건은 그 유전자가 형제 2명 이상, 배다른 형제 4명 이상, 또는 4촌 8명 이상을 구해야 한다는 것이다.[3]

이같이 혈연은 그 무엇보다도 존귀하고 우선한다고 경전이나 자연현상을 통해 역설하나, 언제부턴가 이 세상은 돈이 가장 존귀하고 우선이 된 듯하다. 돈 앞에서는 그들에게 이와 같은 창조주의 말씀은 쇠귀에 경 읽기나 다름없고, 진화론의 어느 최고 석학의 '혈연 이타주의 유전자' 론도 황당하기 짝이 없다.

낙찰자와 추가협상해 불법 인하
합의 뒤에도 정당사유 없이 또 깎아
23개월 전 물량까지 소급적용도
피해 협력사도 공정위 조사 꺼려
1000여곳 중 12곳만 적발[4]

앞으로는 '동반성장' 을 외치며, 뒤로는 '단가 후려치기' 에 여념이 없다. 세금을 깎아주면 감면받은 그들이 그 돈으로 공장도 더 짓고 일자리도 더 늘려, 모두에게 좋은 세상 만들 거라고 했다. 어림없는 얘기다. 동네 빵집이 잘 나가면 그 동네에 대형 빵집이

---

3 리처드 도킨즈, 『이기적 유전자』, 홍영남 · 이상임 옮김, 2010. 173쪽.

4 김경락 기자, 『앞으로는 '동반성장 협약' 뒤로는 '단가 후려치기 한겨레, 2012.7.27. 17면.

들어와 동네빵집 망하게 하고, 납품하는 중소기업 후려쳐 원가 절감하는 수가 노련하기만 하다.

어느 어촌의 먹고 살아가는 터전인 앞 바다에 기름 엎질러놓고 그 동네 사람들 죽게 되자, 기름 엎지른 부자 기업은 법정으로 달려간다. 그것을 보지도 못한 많은 국민들이 애달파하고, 머나먼 길 멀다 않고 달려가 봉사활동한다.

돈 많은 저들은 떡값으로 떡검을 만들고, 껌값으로 특검을 주물러 특껌을 만들기도 한다. 백성들은 무서워 벌벌 떠는 재판을 개판으로 만드는 힘도 있다. 그들은 이 세상 끝까지 독차지하려는 탐욕으로 가득하다. 그들이 지나간 자리는 어느 소설의 메뚜기 떼가 지나간 것처럼 허허 벌판이 되고 만다.

OECD 회원국 고소득층 실효세율 비교

자료: OECD 고소득층의 기준은 전일제 근무자 평균 소득의 16.7%

실질 세부담 국제 비교해보니 지난해 경제협력개발기구(OECD) 회원국 평균치에 견줘 우리나라 고소득층의 세부담(실효세율)이 더 낮아진 것은 정부의 감세정책에서 비롯된 바 크다. 이른바 '부자감세' 정책을 비판해온 야당이 6 · 2 지방선거에서 완승한데다, 최근 남유럽 사태 등을 계기로 재정건전성 문제가 현안으로 떠오르면서 정부의 감세정책은 또 한 번 도마에 오를 전망이

다.[5]

한 신문의 OECD 회원국 고소득층 실효세율 비교 내용이다. 부자감세를 주장하는 저들의 말대로라면 부유층 조세부담율이 높고 복지지출 비중이 큰 독일을 비롯한 북유럽국가들이 먼저 위기에 처해야 하지만 여러 자료를 좀 더 살펴보면 실제는 거의 반대 현상을 볼 수 있다. 남유럽 여러 나라는 위기지만 그보다 조세부담율이 높고 복지지출 비중이 큰 북유럽 여러 나라가 건실하다. 사실 우리 조세 상황 등은 남유럽에 더 가깝고, 북유럽에는 훨씬 미치지 못한다. 그들은 그리스 등 남유럽의 경제위기의 근본원인을 복지 포퓰리즘 때문이라고 덮어씌우지만, 설득력이 거의 없다.

그리스 등 남유럽의의 경제위기의 근본원인은 기득권층의 도덕적 해이와 사회 전반의 부패라고 생각합니다. 특히 기득권층의 부패가 장기화, 구조화 되면서 전 사회 구성원이 부패의 공범이 되는 현상이 나타났어요. 이렇게 되면 국가경쟁력은 사망 상태에 이를 수밖에 없습니다. 우리 사회도 그동안 효율성을 앞세우면서 부패에 관대한 문화를 키웠죠.[6]

복지 공약, 살림 거덜낼까 우려…….

그러나 남유럽 국가들 위기 보면, 진짜 문제는 신뢰 결여와 부패

---

5 황보연 기자, 『MB정부 '부자감세 정책' 또 도마 올라』 한겨레, 2010.6.9.

6 안철수, 『안철수의 생각』, 제정임 역음, 김영사, 2012. 145쪽

투명한 북유럽선 재정 파탄 없어

한국 부패지수, 스페인보다 열악……. 속 바꾸지 않으면 개편은 무의미[7]

이와 같이 '안철수의 생각'이나, 전홍찬 교수의 주장은 남유럽 국가들의 위기의 근본 원인을 과도한 복지정책 때문이라기보다는 '기득권층의 도덕적 해이와 사회 전반의 부패' '부패와 사회적 신뢰의 결여'를 주 원인으로 보는데, 이 주장이 훨씬 설득력이 있다. 이와 비슷한 환경에 있는 우리나라도 이에 자유롭지 못하다고 경각심을 가져야 한다는 충고이다.

한 예로 나라 각 분야별 최고의 수장을 뽑는 인사청문회를 보면 걱정하지 않을 수 없다. 대상자로부터 그 많은 비리 의혹이 쏟아져 나오는데 "그 정도는 괜찮다." "결정적 하자는 아니다."라며 억지를 쓰며 밀어붙이는데, 이런 게 바로 '부패의 공범'이나 '신뢰의 결여'가 아니면 무엇이겠는가? 어디까지 더 부패해야 괜찮지 않고, 결정적 하자가 되는지 구체적으로 얘기해 보라.

10대 그룹 중 삼성 현대차 등 주요 5개 그룹의 법인세 실효세율이 법으로 정해놓은 법정 최고세율보다 크게 낮은 것으로 나타났다.[8]

---

7 전홍찬 부산대 정치외교학과 교수, 『부패가 '南유럽형 복지국가' 부른다』 조선일보. 2013.2.7. A30면

8 박준규 기자, 『부자감세, 최대 수혜자는 삼성』 내일신문, 2012.10.2.

세계적 망신……. 한국 부자들의 추악한 실체, 英보고서 "한 해 외도피자산 27조 원……. 세계3위" [9]

30대 재벌기업, 조세피난처에 7~8개 계열사… 삼성, 38개로 1위 [10]

우리 사회에 만연한 탈세 실태는 한마디로 충격적이다. 진보정의당 박원석 의원이 어제 공개한 국세청 자료를 보면, 2011년 탈세 상위 100대 기업의 탈세 금액은 무려 2조7000억 원에 이르는 것으로 나타났다. 개인사업자 탈세 상위 100명의 탈세액도 2300억 원이나 됐다. [11]

그들은 대한민국에서 기업하기 힘들다는 등 갖은 엄살을 떨고 엄포를 놓곤 하지만, 국가로부터 최대 수혜를 받고 있으며, 틈만 나면 돌리고 감추는 데는 세계 수위라고 전한다. 이를 보면 평소 국민들로부터 존경받는 대기업이 앞장서 세금 빼먹는 하마이기도 하다.

지하경제규모, OECD 4위 '굴욕', 세무 · 금융당국, 칼 빼든다. [12]

---

9 서울경제(인터넷), 2012.7.24.

10 SBS CNBC TV 2011.02.14

11 한겨레, 2013.2.4. 사설

12 SBS CNBC TV 2011.03.10.

세무당국 · 금융당국이 칼 빼들기는 잘 하지만 제대로 휘둘렀다는 소리를 들은 적이 있는가? 자신들 단속이나 먼저하고 나라 단속을 해야 할 것이다. 간혹 아니 빈번하게, 고양이에게 생선가게 맡긴 꼴이 되어 국민들은 허탈할 때가 많다. 그 당국의 어느 수장들, 자기들끼리 뇌물 주고받고 고자질하고 하더니 지금은 어떻게 되었는지 언론도 깜빡 잊고 국민들의 기억에선 사라진 듯하다.

그리스 최대 기업 아테네를 떠난다.

그리스 디스카운트 피해 런던증시로 이전 · 본사는 스위스로……. 기업이탈 본격화

그리스 최대 기업이 빚에 찌든 자국을 떠나겠다고 밝혔다. [13]

나라가 거덜 나자 어느 최대기업은 나라를 떠난단다. 다행히 이 나라가 아니고, 저 푸른 물결 출렁이는 지중해 연안의 그리스 부자들 얘기다.

'세금 내기 싫으면 떠나라' 라고 말하는 이도 있다. 그러다가 진짜 부자나 부자기업들이 다 떠나면 어쩌란 말인가? 이 나라도 금방 망할 건데……. 이런 말이 나오면 광고비 받아 사는 언론은 노발대발하고, 장학금 받은 정치인들은 종북세력 운운할 것이다. 그런데 어느 신문의 한 얄미운 기자는 '세금 내기 싫으면 떠나라' 라고 해도, 떠나지도 않고, 떠날 수도 없다고 자료를 들고 대든다.

---

13 한예경 기자, 『그리스 최대 기업 아테네를 떠난다』 매일경제, 2012. 10.13. A2면

'세금을 올리면 부자들과 기업들이 떠난다.' 우리가 수십 년 간 들어온 말이다. 과연 사실일까. 〈뉴욕 타임스〉가 집계한 최근의 연구 몇 건은 이 말이 '미신'에 지나지 않는다는 것을 알려준다. 미국 세금경제정책연구소의 조사 결과에 따르면, 부자들의 이주 원인 중 세금이 차지하는 비중은 지극히 미미하다.[14]

저들은 아차하면 떠날 것처럼 주변에서 호들갑 떨지만, 이 토양이 아니면 그들은 성공하지 못했을 수도 있다. 그 땅의 자양분을 토대로 성장했고 그 땅 사람들의 성원으로 일어섰다. 그 법의 보호를 받았고, 웬만한 잘못은 그간 정상을 참작하여 눈감아 주기도 했다. 때론 떡고물을 뿌려대며 질주하기도 했다.

세상에 이 나라보다 부자들에게 세금 적고, 기업하기 좋은 나라가 어디 있겠는가? 그들은 그리스 그 부자기업처럼 나라가 거덜나면 떠나려고 준비는 다 됐는지 모를 일이다.

"내가 진실로 너희에게 이르노니 부자는 천국에 들어가기가 어려우니라."

"다시 너희에게 말하노니 낙타가 바늘귀로 들어가는 것이 부자가 하나님의 나라에 들어가는 것보다 쉬우니라."[15]

어느 경전은 이렇게 말한다. 허나 낙타가 바늘귀 뚫고 하나님의

---

14 이형섭 국제부 기자, 『세금 내기 싫으면 떠나라』 한겨레, 2013.2.18. 30면

15 성경 마태복음 19:23~24

나라에 가는 것은 상상할 수 없지만, 부자가 바늘귀 뚫고 천국 가는 것을 상상하는 것은 어렵지 않다. 부자들을 천국 문 앞에 세워놓고, 천국에 돈을 놔두면 천국 문이 바늘귀로 되어 있더라도 무슨 수를 쓰든 천국 입성에 성공할 것이다.

물론 내가 아는 멋진 부자도 많다. 그러나 그이들은 독한 부자들의 어두운 그림자에 묻히고 만다.

꼼수 좋은 지도자들, 세금은 적게 걷고 복지는 풍성히 하겠다며 그럴 듯하게 둘러댄다. 그야말로 허울 좋은 포퓰리즘이다. 그들은 당선되고 나면 "선거 때 무슨 소린들 못하겠냐?"며 또 희죽거릴 것이다. 그러나 안 되는 것은 안 되는 것이다. 부자 세금 깎아주고 건전 재정 유지하며 복지 증진시킨 나라는 없다.

언론이나 정치인 그리고 관련 학자들은 두루뭉술한 현상파악이나 어물쩍한 태도로 일관한다. 총론은 옳으나 각론으로 가면 앞뒤가 맞지 않는 때가 많다. 언론은 다수의 어려운 국민보다 고액 광고주의 눈치를 봐야 살아남고, 정치인이나 학자들은 재벌장학금이나 권력의 맛에 깊이 중독되었기 때문이리라.

그들은 '금강산댐 물을 방류하면 서울을 물바다로 만들 수 있다.' 라고 하라면 그에 맞는 논리를 곧잘 설계해 내기도 하고, 환경을 감시하는 첨단 로봇 물고기도 말로 쉽게 만들어댄다. 그러나 나중에는 '언제 그런 일이 있었느냐' 는 식이다.

부자가 더 내야 한다. 공산주의 하자는 것이 아니고, 세계 1~2위 하자는 것이 아니다. 우선 OECD 평균이라도 따라가야 한다. 다른 분야에서 세계 1~2위는 쉽게 하면서, 부유층 조세를 평균수준으로 가는 게 뭐 그리 어렵겠는가?

열심히 일하면 기본적으로 먹고 살 수 있는 일자리를 많이 늘리고, 대기업에 협력하는 중소기업들도 동반성장 해야 한다. 그래야 부자가 참 부자고 대기업도 참된 대기업이며 오래간다. 큰 나무도 뿌리가 깊고 잔뿌리가 많아야 건강하게 오래 산다.

국민 98% '계층 상승 어렵다.'

현대경제연 설문조사, 절반이 "나는 저소득층"

'개천에서 용 난다.' 는 말. 현 정권이 내세운 모토이기도 하다. 하지만 정작 국민 절대 다수는 이것이 불가능하다고 여기는 것으로 나타났다. [16]

지난 광복절 경축사에서 대통령이 선진국이 되었다고 당당하게 선언한 이 나라의 허탈한 자화상이다. 정작 현실은 대통령의 당당한 얘기와는 거리가 너무 멀다. 개천에서 승천한 용들이 자신들이 성장한 터전을 황폐화 시켜, 이제 용이 나오기란 거의 불가능한 것이다. 다시 개천을 살리고 개천에서도 예전처럼 용이 나오게 해야 한다.

---

16 심재우 기자, 중앙일보, 2012.8.20. E1.

07 ▸▸▹

대한민국은 지금 인원 구조조정 중인가?

우리나라 국가 신용등급이 외환위기 이전 수준을 넘어 역대 최고 등급을 갈아 치웠다.[1]

한국 신용등급 Aa3로 사상 최고라는, 어느 날 아침 신문의 1면에 보도된 낭보다. 온 국민이 얼마나 기뻐해야할 일인가? 아직 아침밥을 먹지 않았어도 배부를 일이다. 헌데 바로 그 신문 2면에는 다음과 같은 내용으로 한 면을 채운다.

자영업자 강 모(56)씨는 대부업체의 '정중한 빚 독촉 전화를 한 통을 받고 고민에 빠졌다. 상대방은 욕설 한마디 없이 격식을 갖

1 이상덕 · 김정환 기자, 매일경제, 2012.8.2. 1면

쳤지만 전달한 내용은 충격적이다. 다음 주 큰 딸 결혼식 때 오겠다는 것이다.[2]

정중하게 너무도 정중하게 걸려온 전화지만, 무언가 으스스하고 소름이 끼친다. 어느 외국의 마피아가 등장하는 영화를 보고 그 세계의 공포를 느꼈을 때와 같다. 아니, 우리도 얼마 전 그러한 으스스한 영화를 보고 바로 주변의 세계를 볼 수 있었다. 바로 그 영화 '피에타' 다. 그 영화를 보고 며칠간이나 가슴앓이를 해야 했다. 그런데 이건 영화가 아니고 현실이란다. 이 대부업체의 정중한 빚 독촉 전화 한 통이 그 영화의 서막 같지 않은가? 이 나라 500~600만 명이 제도금융에서 벗어나 사채로 내몰리고 있다고 한다.

무디스가 한국의 국가신용등급을 한 단계 높였다. 선진국 클럽인 '더블 A' 그룹에 한국이 처음으로 진입했다는 인증서다. 노는 물이 달라졌다는 얘기다. 외교 분쟁 중인 일본, 세계 경제의 '빅2' 인 중국과 같은 수준이기도 하다.[3]

다시 전해오는 낭보에 이어 또 슬픈 소식이 이어진다.

한국 자살률 7년째 OECD 최고…….

---

2 윤진호 기자, 매일경제, 2012.8.2. 1면

3 김영훈 · 한애란 기자, 중앙일보, 2012.8.28. 1면

노인이 전체 평균의 2.4배 [4]

뭔가 이상하다. 이상해도 크게 이상하다. 겉과 속이 전혀 안 맞다. 나라는 선진국 클럽인데, 그 노는 물에 다수의 국민들은 희망을 잃어가고 사채에 내몰리고 있는 것이다. 자살률은 세계 최고이다. 세상에 이런 선진국도 있다던가?

"사회가 우리보고 죽으라고 하는 것 같았어요. 이 사회에서 나가달라고." [5]

벼랑에 몰린 어느 노동자의 절규다. 쌍용자동차 구조조정과 관련하여 근로자나 그 가족의 23번째 죽음이 이어졌다.

한진중 자살 노동자 "박근혜 5년을 또……."

정리해고됐다 지난달 복직……. 자살 원인 둘러싸고 노사 다른 해석 [6]

한진중공업의 한 노동자는 대선이 끝난 직후 자살했다. '100% 국민 대통합과 국민 행복시대'를 약속한 박근혜 대통령 후보의 공약 실천을 채 지켜보지도 않고서 그는 희망의 끈을 놓아 버렸다.

---

4 이정봉 기자, 중앙일보, 2012.9.10. 20면

5 공지영, 의자놀이, 휴머니스트 출판그룹, 149쪽

6 오마이뉴스. 2012.12.21.

아~, 이 대한민국은 지금 인원 구조 조정 중인가? 직장이나 직장 밖에서도 그리고 학교에서까지도, 노인층이나 젊은층이나 그리고 학생층까지도?

못 버티고 밀려나는 행렬들……, 잘 나가던 선진국들이 신용 강등되는 판에 대한민국은 거의 유일하게 상승하고 있으나, 그 땅에서는 냉혹한 인원 구조 조정이 이루어지고 있는가 보다. 나라는 날로 발전하여 선진국 클럽에 들어가고 있는데 힘없고 빽없는 국민들은 벼랑에 몰리고 몰려 갈 곳이 없는 나라, 누구를 위한 선진국이며 밀려나는 그들은 어디로 가야 할 것인가?

"주여! 이 불쌍한 백성들 어디로 가오리까?"

"지도자들이여! 힘없고 빽없는 이 국민들 어디로 가야 하나요?"

08 ▸▸▹
이제 날개 접은 98% 백성들

국민 100명 가운데 98명꼴로 '앞으로 계층 상승이 어려울 것'이라고 생각한다는 조사 결과가 나왔다. 특히 사회에 한창 진출할 나이대인 20대 청년층의 96.3%가 계층 상승 가능성에 부정적인 견해를 나타냈다. 양극화가 뿌리내리면서 계층 상승의 '사다리'가 사라지고 갈수록 역동성을 잃은 '닫힌 사회'로 변해가는 현실을 반영한 것으로 풀이된다.

19일 현대경제연구원이 우리나라 성인 1011명을 대상으로 실시한 설문조사 결과를 보면, "향후 우리나라에서 중산층이나 고소득층으로 올라가기가 어려워질 것"이라고 답한 응답이 98.1%나 됐다. 연령대별로는 40대(98.9%)가 가장 부정적이었고, 20대(96.3%)도 계층 상승 가능성에 대한 기대를 거의 접은 것으로 나

타났다. [1]

참 절망적인 현실이다. 세상에 진출하여 한창 일하는 40대도, 세상에 진입을 꿈꾸는 20대도 희망의 끈을 잃어버렸다는 얘기다.

며칠 전 광복절(2012.8.15.) 기념식에 이명박 대통령의 기념축사가 있었다. 그 내용에는 대통령의 지난 재임기간 치적이 열거되었다. 그의 말씀대로라면 우리는 지금 풍요 속에 있어야 하고 행복에 겨워야 하는데 현실은 거의 반대다. 이 축사를 TV를 통해 처음부터 끝까지 경청했는데, 사실 나는 듣는 동안 점점 화가 치밀어 올랐다.

위의 내용을 보면 나뿐만 아니라 이 나라 국민의 2% 정도를 제외하고는 대다수의 국민이 나와 같은 심정이었으리라 짐작이 된다. 더욱 화나는 대목은 우리가 선진국에 진입하였다고 당당히 선언하는 대목이었다. 누구의 선진국일까? 대통령과 친인척 · 측근 그리고 2% 정도의 특수층만의 선진국이 아닐까?

위 내용이 실려있는 동일자 신문에는 이렇게 절망할 수밖에 없는 중요한 답의 하나가 바로 위 칸에 실려 있었다.

'삼성 비자금' 특별검사를 지낸 조준웅 변호사의 아들 조아무개(38)씨가 비자금 사건 선고 이듬해인 2010년 1월 삼성전자 과장으로 입사한 것으로 확인됐다. 삼성전자에선 통상 신입 입사 뒤 과장 진급까지 8년 이상 걸리는 데 견줘, 사법시험 준비와 어학연

1 최현준 기자, 한겨레, 2012.8.20. 10면

수 외에 회사업무 경력이 없는 조씨가 과장으로 바로 입사한 것을 두고 의혹이 일고 있다. 조씨는 입사지원서를 접수기간 종료 뒤 삼성 쪽의 요구로 제출한 것으로 드러났다.[2]

그리도 어렵다는 삼성 입사, 그것도 과장 특채로……. 이렇게 특권층과 특수층은 싹쓸이 밀어주고, 성은에 보답한다. 이 땅의 40대건 20대건, 힘없는 국민들은 어찌 절망하지 않고 살 수 있겠는가? 사실 돈 앞에서는 맥을 못 추는 떡검을 못 믿어, 대통령이 특별히 임명한 게 특검이다. 그런데 특검이 특껌이 되어, 의심 대상의 천문학적인 재산을 확실하게 정리해 주었으니 '이 회장이 삼성특검의 최대 수혜자' 라는 여태 들어보지 못한 슬픈 우스갯소리까지 나올 수밖에 없지 않는가? 누군들 이 하해 같은 성은을 받았다면, 어찌 망극하지 않겠는가? 눈 딱 감고 잘 챙겨주고, 아들에게 하늘의 별따기만큼이나 어려운 그 과장자리 하나 얻었다면 껌값으로는 넉넉한 게 아닐까? 이 땅의 특검은 언제 봐도 '특껌' 스럽기만 하다. 이 나라가 아니고 어느 나라에서 이런 고급스러운 블랙코미디를 볼 수 있을까?

· 우리같이 평범한 사람은
열심히 살아도 해결 안 돼
대출 · 교육비 · 노후 어떡할지…
조상 잘 만난 재벌 2 · 3세는

---

2 김진철 기자, 한겨레, 2012.8.20. 10면.

능력 없이도 기업 물려받아
왕족처럼 살며 승승장구
정당한 규칙이 지켜지고
공정한 경쟁이 이뤄져야
내 노력의 의미가 있지 않나 [3]

어느 서민의 푸념을 요약된 기사 내용이다. 우리가 신물 나게 보고 겪은 얘기들인데 더 자세한 설명이 무슨 필요 있으랴.

'잃어버린 10년'이라는 저주의 깃발을 들고 무혈 입성한 그들, 그들의 집권 5년은 50년만큼이나 긴 슬픈 세월이었다. 그들이 북한의 인권만 걱정하는 사이에 이 땅의 인권은 추락하여 밖으로부터 손가락질의 대상이 되었다. 금강산을 잃어버렸고 남북대화를 잊어버렸다. 안으로는 법치주의가 상실되고 불공정이 판을 치며, 그 정권이 자랑하는 도덕성은 형무소로 간듯했다. 그들이 4대강에 밤낮으로 삽질하며 세상을 독식하는 사이에 서민들의 일자리는 줄어들었다. 가장 슬픈 일은 98%의 백성들이 이제 희망의 날개를 접은 것이다.

이를 아는지 모르는지 그 대통령은 법치주의와 공정한 사회, 가장 도덕적인 정권을 특허인 양 외친다. 그들만의 법치, 그들만의 공정, 그들만의 도덕을 외치며 "임기 마지막 날까지 열심히 일하겠다."고 하니 이 백성들은 얼마나 더 절망해야 할까?

---

3 김진철 기자, 한겨레, 2012.10.9. 3면

09 ▸▸▹
취업 전 어느 20대가 그려본 노후

_정상훈

취업을 앞두고 있는 요즘 가끔 앞으로의 내 인생에 대해 설계해 보곤 한다. 추상적으로 나의 꿈과 이상을 실현하는 방법에 대해 생각하기에는 이제 나이를 너무 많이 먹어버린 것 같고, 현실적으로 경제생활을 어떻게 할 것인지에 대해서 주로 생각을 집중하게 된다. 우선 먹고 살아야 하니까 일자리를 구해야 할 텐데, 아이템도 경험도 자금도 없기 때문에 개인 사업을 하기는 어려울 것 같다. 그래서 우선은 기업체에 취직을 해야 할 것 같다. 취직을 한다면 대부분의 사람들이 선망하는 월급 많이 주고 복지가 좋은 대기업을 목표로 해야 할 것이다.

취직을 하면 월급을 받게 될 것이다. 월급을 받으면 그 돈으로 생활비를 써야 할 것이고, 부모님께 용돈도 드려야 할 것이고, 남은 돈으로는 미래를 위해 저축도 해야 할 것이다. 저축을 할 때 시중 은행에 적금을 부으면 대략 4% 정도의 이자를 받을 수 있다는데, 그 이자 금액에 대해서는 일반적으로 15.4%의 세금이 붙는다고 한다. 다른 투자 방법으로 주식 투자를 생각해 볼 수 있겠다. 하지만, 주식에 직접 개인 투자를 하는 경우에 대부분은 수익을 거두지 못하고 큰 손실만 입는 것 같다. 그래서 주식에 투자를 한다면 직접 투자 대신에 전문 투자기관을 통한 펀드 투자를 대안으로 생각해 볼 수 있을 것이다.

10년 단위로 나눠서 내 평균 소득액을 계산해 보면, 대략적으로 30대에 세후 평균 연봉 4,000만 원, 40대에 5,000만 원, 50대에 6,000만 원 정도로 예상을 해본다. 생활비, 부모님 용돈 등으로 소비하고 남은 금액을 예상해 보면 30대에 연 1,500만 원, 40대에 2,000만 원, 50대에 2,500만 원 정도가 될 것 같다.

그리고 요즘 평균 은퇴 연령에 맞춰 25년 정도 일을 한다고 가정하면 은퇴할 때에 저축 금액은 이자 수익을 합해서 대략 5억 정도가 될 것이다. 여기에서 자동차 구입비용이나 주택 구입비용과 같이 목돈이 나갈 일을 생각하면 실제로 남은 금액은 3억 안팎이나 되지 않을까 모르겠다. 직장에서 은퇴한 이후의 소득을 생각해 보면, 그 동안 직장생활 하면서 저축했던 돈의 이자 수익과 국민연금, 그리고 직장에서 퇴직금 명목으로 지급하는 직장연금을 합해서 월 150만 원이 조금 넘는 금액이 될 것 같다.

사실 위에서 생각해본 가상 시나리오는 굉장히 단순한 조건 아래에서 예상한 것이다. 결혼도 하지 않고 자식도 없는 상태에서 나 혼자 산다고 가정했을 때의 예측이다. 따라서 일반적인 사람들처럼 결혼을 하고 아이를 갖는 경우를 생각하면 무의미한 예측이 되고 만다. 만약 결혼을 하고 자식 한, 두 명이 있다고 가정해보면 생활비는 위에서 예상한 금액의 2배가 훨씬 넘는 액수가 들 것이다.

이 경우에 나와 비슷한 경제력을 가진 배우자와 함께 생활한다고 하더라도 배우자는 출산과 양육의 최소 기간 동안은 경제활동을 할 수 없기 때문에 가구 소득은 절대로 내 개인 소득의 2배를 넘을 수가 없다. 당연히 집도 혼자 살 때보다 더 큰 집을 구해야 한다. 그렇다면 직장에서 은퇴했을 때의 소득 역시 앞에서 예상했을 때보다 더 적어지면서 그만큼 노후는 더욱 불안정해질 것이다.

여기에 조금 더 현실적인 문제들을 더해서 생각해본다. 위에서 얘기한 예상 소득에 대해 적지 않은 사람들은 너무 많은 금액이 아니냐고 생각할지 모른다. 그 예상 소득은 대한민국에서 몇 안 되는 대기업에서 일할 경우를 염두에 두고 계산한 것이다. 그리고 부부가 맞벌이를 한다고 가정하면 아이가 어렸을 때 보육비가 월 150만 원 이상 들어간다고 한다. 그렇다고 부부 중 한 명이 전업주부를 맡으면 소득은 절반으로 줄게 된다.

아이가 학교에 들어가면 학원비가 월 100만 원 정도 들어간다고 한다. 아이가 대학에 들어갔을 때 등록금은 또 어떻게 마련할 것인가. 게다가 집값도 너무 비싸다. 서울 집값은 말할 것도 없고, 요즘에는 지방의 웬만한 도시들도 집값이 한꺼번에 뛰어올랐다. 이런 사정들을 염두에 두면 위에서 얘기했던 시나리오는 오히려 지나치게 낙관적이었던 것이 아닐까 생각된다.

그렇다면 어떻게 해야 할까. 아무리 생각해 봐도 내 머리 속에서는 한 가지 대답 밖에 나오지 않는다. 결혼을 하지 않고 악착 같이 아껴야 한다. 요즘 뉴스를 보면 '3포 세대' 라는 말을 종종 들을 수 있다. 여기서 3포란 연애, 결혼, 출산을 포기했다는 의미이다. 돈이 없어서 연애와 결혼 그리고 출산을 포기할 수밖에 없는 젊은 세대의 현실을 농담 반 진담 반으로 표현한 것이다. 많은 사람들이 3포 세대라는 얘기를 들으면 우스갯소리 정도로 넘겨버릴지 모르겠지만, 당사자인 내 입장에서는 이 문제가 생각보다 훨씬 심각하고 진지한 문제로 느껴진다.

사실 많은 사람들은 위에서 얘기한 대기업에서 근무하는 것보다 훨씬 더 힘든 여건에서 일을 하면서도 더 적은 급여를 받는다. 그래서 당연히 더 팍팍하게 살 수밖에 없다. 그에 반해 나는 상대적으로 편하게 살아왔다. 어렸을 때 필요한 게 있어도 돈이 없어서 못 사본 적도 없고, 공부를 할 때 필요하면 학원에 다닐 수도 있었고 미흡한 부문은 과외를 받을 수도 있었다.

대학에 와서도 등록금을 부모님께 받아서 냈고, 용돈이 필요하면 과외를 해서 손쉽게 적지 않은 돈을 벌수도 있었다. 앞으로 대학을 졸업하면 상당히 좋은 회사에 취업할 가능성도 높다. 지금까지 살아오면서 고생이라고는 군대나 수험생활에서 겪은 정도가 거의 전부이다. 누군가가 나를 온실에서 자란 화초라고 해도 솔직히 별로 할 말이 없을 것이다.

그렇다고 해서 내가 마냥 편하게 살아온 것만은 아니라고 생각한다. 감사하게도 남들보다 조금 더 공부를 잘하는 재능을 가지고 태어났지만, 다른 친구들이 놀 때 책도 읽고 열심히 공부도 했다. 그래서 학교 다닐 때 비교적 좋은 성적을 받았고, 소위 명문 대학에 들어올 수도 있었다. 힘들게 사는 사람들보다 덜 힘들게 살았다 뿐이지, 나도 나름대로 열심히 살아왔다. 앞으로도 더욱 열심히 살아야 한다. 피라미드 구조의 직장에서 살아남기 위해 끊임없이 경쟁해야 하고, 경쟁에서 도태되는 순간 나이 50도 안됐는데 실직자가 될 수 있다. 게다가 자라나는 아이들을 위해서 좋은 성장 환경을 제공해줘야 하고, 언젠가는 닥쳐올 노후의 질병과 빈곤에도 대처해야 한다.

그래서 나는 더 두렵다. 나처럼 큰 어려움 없이 살아온 사람도 세상을 살아가는 것이 이렇게 어렵게 느껴지는데, 나보다 어려운 환경에서 살아가는 사람들은 삶이 얼마나 더 힘들게 느껴질 것인지 헤아리기가 어렵다. 이게 현재의 상황에 감사할 줄 모르고 불평만 늘어놓는 부정적인 삶의 태도의 문제일까? 단순히 개인의 의지의 문제로 돌리기에는 우리 사회가 구조적으로 잘못된 점을 놓치고 있지는 않은지 생각해 본다.

내가 만약 방글라데시나 소말리아에서 태어났다면 이런 얘기는 꺼내지도 않았을 것이다. 그냥 산다는 게 이렇게 힘든 일이구나 체념하고 하루하루 먹고 살기에 급급하면서 살아갈 것이다.

우리나라 국민 소득이 올해 $23,000를 넘어설 것이라 한다. $23,000면 우리 돈으로 하면 23,000×1,100원 해서 2천5백여만 원이다. 3인 가족 기준으로 하면 7천5백여만 원, 4인 가족 기준으로 하면 1억여 원이다. 그런데 우리나라 4인 가족 중에 소득이 1억여 원인 가정이 몇이나 있을지 궁금하다. 이렇게 불평을 할 수 있는 것도 우리가 살고 있는 나라가 대한민국이기 때문이다.

인구가 그리 많은 것도 아니면서 경제규모가 세계에서 15번째로 크고, 1인당 평균소득이 2,500만 원이 넘는 부유한 나라에 살고 있는데, 이 나라에 살고 있는 우리들은 왜 이렇게 사는 게 힘든 것일까. 잘 사는 나라에서 먹고 살기 힘든 사람들이 많은 것을 보면 이건 뭔가 크게 잘못되어 가고 있는 것 같다는 생각이 든다.

나는 그리 긴 세월을 살아온 것은 아니지만, 개인적으로 살면서 가장 힘들게 느껴졌던 순간은 '희망이 사라졌을 때' 였던 것 같다. 당장 지금은 해결해야 할 문제들이 산적해 있어도 언젠가 이 문제를 해결할 수 있다고 생각되면 그 때의 고통은 잠시 뿐일 것이다. 하지만, 그 문제들을 영원히 해결할 수 없다고 생각하면 그 때는 모든 것을 포기할 수밖에 없다. 내가 보기에 지금 대한민국은 갈수록 희망이 없는 위험한 사회로 가고 있는 것 같다.

이러한 상황이 지속된다면 지금까지 쌓아온 우리 모두의 번영도 오래가지 못하고 사라지고 말 것이다. 적어도 최선을 다해 열심히 준비하는 사람들에게는 더 이상 일을 할 수 없는 시간이 와도 안심하고 살아갈 수 있는 세상이 최소한의 희망이 있는 사회가 아닐까. 그런 희망이 있는 사회를 위해 함께 고민해야 할 시간이 되었다고 생각한다.

제3장

이 시대 아빠들이여, 당신들에게 부탁해

그때 이순신 장군이 꿈꿨을 행복한 세상

"예전의 아빠들은 유교적 질서 속에 있었다. 예전이라 해서 아버지로서 책임과 의무를 소홀히 한 건 아니겠지만, 아버지란 그 자체가 권위와 질서의 상징이었다. 시대가 변하면서 그 가치가 변하였다. 돈과 힘이 있어야 하며, 교양은 넘치도록 쌓고 임기응변해야 한다.

아버지 노릇하기 위해 요구되는 것은 너무 많지만 길은 좁고 매일 쫓기며 산다. 세상은 넓다지만, 승자독식으로 양극화된 세상에서 설 자리가 보이지 않는다. 하지만, 이 고난의 세상을 어떻게든 잘 넘어야 한다. 주저앉아서는 결코 안 된다. 매우 미안하지만 아직은 할 일이 너무 많다."

01 ▶▶▷

여자와 싸워서 이기는 남자는 없거늘

'세상에서 여자와 싸워서 이기는 남자는 없다.'

나는 대통령이나 정치인, 그리고 고위관리들의 말을 거의 신뢰하지 못하거나 귀담아 듣지 않지만, 그 대통령 영부인께서 갈파한 위 경구는 매우 신봉하고 마음에 되새기곤 한다. 이 말을 거의 진리에 가깝다고 생각한다.

부부싸움하고 나서 마누라를 혼내 줬다고 술자리에서 자랑하는 남자는 사실 세상에서 가장 소인배에 속한다. 그렇다고 부부싸움에서 미리 질 수도 없는 노릇이다. 그래서 남자에게 부부싸움이란 이겨봐야 지는 것이고, 지게 되면 당연히 지는 것이다.

아내들이 결국에는 이겨내고 마는 방법 중 또 하나, 가장 흔하

고 잘 먹히고 부작용이 없는 방법이 있다. 자기를 피해자로 만드는 것이다. "당신이 나한테 해준 게 뭐가 있는데?" 이런 말은 애교에 속한다. 남편이 행패를 부리거나 비상식적인 행동을 하면 그것으로 비극을 한편 쓰면 된다. 자기 인생을 나락으로 빠뜨린 사람이 남편이라고, 모든 책임을 남편에게 돌리고 자신은 불가항력적으로 당할 수밖에 없었노라고, 자기 삶의 모든 고통은 남편에게서 비롯되었다고 하면 된다.

이렇게 자신을 비극의 주인공으로 만들고, 그럼에도 "이 엄마는 너희들만 믿고 산다. 너희들을 위해서 라면 이 고통도 감내하며 살 것이다." 라고 하면, 아이들은 피해자인 어머니의 희생정신에 미안해하고 어머니의 삶을 불쌍히 여겨 아버지를 배척하고 어머니의 편에 설 것이 분명하다. 게다가 아버지는 돈 버느라 바빠서 아이들과 정서적 동맹을 맺을 틈도 없으니 아이들이 엄마편이 되기란 아주 쉽다. [1]

남편들이 부부싸움에서 결국 질 수 밖에 없는 이유 중 하나를 설명하고 있다. 아마 이 글은 남성이 썼는지, 다소 남편들의 편을 든 것 같기도 하다. 피해자인 나도 남자로서 거의 공감이 간다. 헌데 왜 여성들은 남편과 시댁만 잡고 늘어지는 것일까? 그럴 수밖에 없을 것 같기도 하다. 출가 시킨 후 친정 부모는 늘 딸을 걱정한다. 여태 못해 준 것이 더 많기 때문이다. 한편 출가한 딸(세상의 부인들)도 부모에게 미안하기는 마찬가지다. 전에 부모님 말씀

---

1 이승욱, 신희경, 김은산 지음, 『대한민국 부모』, 문학동네, 2012, 182쪽.

잘 듣고 공부만 좀 더 잘 했더라면 더 좋은데 시집가서 부모님 염려 안 해도 될 일이었다. 이제야 후회되고 죄송하기 그지없다. 그래서 친정 부모에게 미안해하고 대신 자녀들 과외 공부와 좋은 대학에 올인하게 된다. 남편의 생활을 뒷바라지하며 자녀의 학교공부와 과외공부에 30년을 시달린다. 이 와중에도 시부모 시누이는 잊지 않고 중간 중간 가슴에 대못을 박아대니 한이 맺힌다. 그때마다 뒷짐 지고 바라만 보고 있는 남편이 더 원망스럽다. 이제 아이들도 성장하고 문득 보니 내게 남은 것이 없다. 아, 100세 인생이라는데 이제 어떻게 하나? 행복했던 기억은 없다. 남편과 손잡고 애들 데리고 행복해 했던 기억은 부질없는 일이었고, 이 집에 와서 겪었던 고통만 슬로우 비디오처럼 돌고 돈다. 내가 왜 저 인간을 만나서…….

이렇게 여태 살아온 무대가 주로 가정이기 때문에 남편과 시댁을 물고 늘어질 수밖에 없고, 소재는 충분한 것이다.

한편 이 땅의 남자들, 부모님 눈물 고인 돈을 받아가며 어렵게 공부했다. 산업화시대가 열리면서 취직도 잘 되었다. 안되면 5급(요즘의 9급) 공무원 시험을 보면 되었다. 가정이 너무 어려워 진학이 막힌 남자들은 무조건 서울로 가면 되었다. 힘들지만 공사판 노동일을 하건 상점의 점원을 하건 열심히만 일하면, 장사 밑천도 만들 수 있었고, 고향 부모님한테 돈을 보내 논도 살 수 있었다.

군대에 갔다. 군대생활 앞뒤가 안 맞을 때가 많지만, 30여 개월 동안 국방부 시계는 어김없이 돌아갔다. 세상에는 여성 수가 부족하다고 장가 못 갈까 봐 걱정을 했는데도, 용케 장가 가서 딸 아들 낳고 잘 살아왔다. 내가 겪은 돈 없던 설움을 자식들에게는 대물림하지 않으려고 돈은 에누리 없이 댔다. 직장에서 상사들의 무리한 요구도, 까칠한 고객의 요구도 내일의 행복이 있기에 감내했다. 해외여행도 자유화되어 때로는 아내 손잡고 나갔던 행복한 시절도 있었다. 한 때는 중산층이라고 자타가 인정하기도 했다.

어느 날 외환위기라는 삭풍이 불었다, 세상이 거칠어졌다. 몇 년 후 글로벌 금융위기라는 먹구름이 드리워졌다. 40대에 밀려 나거나 50대에 퇴직했다. 헌데 세상은 변하여 100세까지 살라 한다. 신의 축복인가, 인간의 재앙인가? 그런데 앞으로 남은 삼사십년을 어찌하란 말인가?

세상은 승자독식사회가 되어 양극화 되어 간다. 승자는 자고나면 셈하기 힘든 부가 늘지만, 나머지 99%의 패자는 발붙일 곳이 없다. 다시 세상에 나와 창업도 꿈꿔 보고 구직도 신청해 보지만, 날아오는 e-mail과 핸드폰에 날아오는 소식들은, 카드 하나 더 가입하라는 너무 친절한 정보와 정력에 탁월한 건강식품이 나왔는데 이번이 마지막 좋은 기회라는 과잉 배려의 소식들 뿐이다.

모처럼의 술자리에선 군대시절 무용담과 호시절 사업담으로 호언장담 한다. 나도 기 안 죽으려고 큰소리치지만 돌아오는 지하철에서는 불안이 엄습한다. 다시 집이 가까워지면 발길은 무거워지고 아내와 자식들은 낯설어진다.

학창시절 시험에 헤매던 남자들, 어느 날 밤부터 군대 대열에서 낙오하지 않으려고 발버둥친다. 직장에서 뒤지지 않으려고 뒤척거리더니 이제는 낭떠러지에서 떨어지지 않으려고 몸부림친다.

어디 한군데 하소연할 데 없는 이 남자들.

"이 땅의 아내들이여, 그대들의 못난 남편들은 이런 꿈속을 헤매며 수많은 밤을 보낸다오."

아내들아, 너희는 너희 자신의 남편에게 복종하기를 주께 하듯 하라. 이는 남편이 아내의 머리됨과 같음이라. 그는 몸의 구주시니라. 그러므로 교회가 그리스도에게 복종하듯이, 아내들도 자기 남편에게 매사에 그렇게 해야 할지니라. [2]

물론 아내들의 경전에도 이런 경구는 있다. 그러나 이 시대 남자들이여, 행여 이 경구에 기대하지 마라. 하나님을 믿는 아내라면 그대는 더욱 불리하다. 부인은 그대와 다투고 잘못한 회개는 하나님 아버지께 할 것이다. 당연히 그 막강한 하나님은 그분의 자녀인 아내 편을 들 수밖에 없다.

허긴 남편들이 제 몫만 제대로 한다면야 아내들한테 머리로 대접받겠지만 어디 그런가? 이 세상 살다보니 이 남편들, 날로 찌질해 가는 것을…….

격언에 '부부 싸움은 칼로 물베기라고 한다.' 그건 옛말이다. 요즘 부부 싸움은 타는 불에 기름 붓기다. 하소연 할 데 없는 남자들이여, 입을 다물어라. 부부싸움은 시작하지 않는 게 상책이고 운 나쁘게 터졌으면 재빨리 피하는 게 차선책이다. 당신이 바라는 현모양처라면 지금쯤 장관 관저나 고위층 저택에 있지, 왜 오늘

---

2 성경 엡 5; 22-24

밤도 당신 옆에 있겠는가? 다 그 나물에 그 밥인 것이다. 인사청문회장에 나온 이들이나 고위층들, 비리로 냄새나는 일은 툭하면 부인이 한 일이라 잘 모르는 일이고 처가에서 한 일이라고 치마폭에 묻히는 걸 보면 그 부인들의 치마폭은 얼마나 넓고 든든한지 짐작할 수 있다.

아이놈들도 문제다. 이놈들이 어려서는 제 엄마가 약자라고 편들더니, 이제 와서는 제 엄마가 실세라는 것을 알고 그 편에 선다. 아마 정치 지도자들한테 배웠을 것이다. 과외지도 없이도 그것은 잘 배운다. 눈만 뜨면 배우니, TV에서, 신문에서…….

많은 정치지도자, 그이들도 학창 시절에는 약자 편에 서서 목숨을 걸었다. 그 피 끓던 젊은 학도들은 다 어디로 갔을까? 정치에 발을 딛더니 실세 쪽으로 실세 쪽으로 보따리 들고 이동하는 그이들, 권력의 단맛을 흠향하면 그 맛을 벗어나지 못하는가 보다.

열아홉 처녀 때는 수줍던 그 아내가
첫아이 낳더니만 고양이로 변했네
눈밑에 잔주름이 늘어가니까
무서운 호랑이로 변해버렸네

우리가 잘 아는 최희준 원로가수의 이 노래를 젊은 날엔 농담으로 들었지만, 나이 들수록 진리에 가깝다는 것을 느낄 수 있을 것이다. 남자들은 아내한테 오늘도 또 한 칸 밀리면서 이러한 진리를 터득해야 한다.

에라, 악처와 살면 수양이 되고, 양처와 살면 휴양이 된다.

본디 악처 없고, 매사에 양처도 없다.

수양하고 휴양하며 가는 것이 인생길이다.

다시 한번 명심하라.

'세상에서 여자와 싸워서 이기는 남자는 없다.'

그래도 내가 진정 어려울 때는 남의 집 아홉 양처보다 내 집 악처 하나가 낫다.'

02 ▸▸▹
신 부자유친(父子有親)을

_정용호

지금은 우리 아버지 세대의 수난시대다. 어린 시절은 경제적으로 어려웠고, 청장년 시절에는 산업화의 역군이 되어 일터에서 앞만 보고 달려왔다. 동시에 집에서는 가장역할을 수행해야 했으며, 부모형제 대소사를 모두 챙겨야 했다. 전통사회와 현대사회의 중간에 낀 세대였기에 혼란도 많이 있었을 것이다. 은퇴 후 집에서는 마님의 눈칫밥에 자식들은 무관심하다. 이 이야기는 이미 10여 년 전부터 모두가 알고 있는 당연시 되어온 이야기다. 여기에 최근 세계경제 위기로 인한 부동산 경기침체로, 평생을 일해 어렵게 장만한 집 한 채마저 노후에 대한 불안감을 크게 한다. 대출을 끼고 몇 년 전 무리하게 부동산에 투자라도 했다면 그 한숨은 더욱 더 깊어질 것이다.

이렇게 열심히 살아오신 분들에게는 마땅히 그에 맞는 보상이 있어야 할 것이다. 다른 보상은 차치하더라도, 가족들의 진심어린 따뜻한 말 한 마디라도 있어야 할 텐데, 현실은 그렇지 않다. 멀리 생각하지 않아도, 나 자신을 돌아봐도 그렇다.

주중엔 회사생활에 바쁘고, 주말에는 데이트도 해야 하고, 연휴나 짧은 휴가라도 생기면 가족과 시간을 보낼 생각보다는 이번엔 어디로 놀러가 볼까 하는 생각이 먼저 드는 것이 사실이다. 요새 젊은 엄마들도 애들이 중학교만 가도 부모와는 같이 있지 않으려고 한다하는 이야기를 내게 적용시켜 변명거리로 삼아 살아가고 있다.

〈고도원의 아침편지〉로 유명한 고도원 작가의 『부모님 살아 계실 때 꼭 해드려야 할 45가지』라는 책을 읽은 적이 있다. 45가지가 하나씩 들여다보면 그렇게 어려운 것들은 아니다. 몇 가지만 나열하자면 전화 자주 드리기, 사랑한다고 말로 표현하기, 부모님 앞에서 어리광 피우기, 좋아하는 것 챙겨드리기, 생신 챙겨드리기 등으로 크게 어렵거나 돈이 많이 드는 행동들은 거의 아니다. 그런데 막상 이것들을 실천하려고 하면 왜 이리 손발이 오그라드는지……. 여자 친구한테 하는 사랑한다는 표현인 선물이나 이벤트 등을 하는 것의 반의반만 부모님께 해도 감동의 도가니에 빠지실 터인데 참 쉽지 않은 일이다. 오히려 회사 상사나 여자 친구 앞에서는 큰 소리 한 번 못 내면서, 언제나 부모님은 내 편이라는 생각에 짜증을 부리는 일은 잦다. 이 지면을 통해 죄송하다는 말씀을 올린다.

부자유친(父子有親), 어렸을 때부터 많이 들어온 삼강오륜(三綱五倫) 중 오륜의 하나다. 예로부터 전해지는 이야기를 들어보면 자식이 부모를 효심으로 지극히 모셨다는 이야기는 많이 들어봤지만, 아버지들이 사랑으로 다정하게 자식들을 대하셨다는 이야기는 거의 들어보지 못했다. 사극을 보더라도 그 시대의 아버지는 이순재씨 같은 카리스마 넘치는 연기자가 아들에게 불같은 호통을 치는 경우는 쉽게 볼 수 있지만, 부드러운 아버지는 찾아보기 힘들다. '엄부자모(嚴父慈母)' 라는 인식이 우리의 뇌리에 자리잡고 있어서, 아버지 어머니 사이의 역할분담이 확실했을 수도 있겠지만 아버지라는 존재는 전통적으로 자식들에게 어려운 존재가 아니었을까 하는 추측을 해본다. 물론 엄함으로 표현된 옛날 아버지들의 마음속에도 자식들을 향한 애정은 무한하였을 거라 짐작해본다. 아무튼 친함(親)이라는 표현이 조상들의 개념에는 어떤 종류의 친함이었을지 궁금해지기는 한다.

고등학교 시절 친구 집에 놀러갔을 때였다. 그 친구는 성격이 활달하였고, 어려서부터 다년간의 외국 생활경험이 있었기에 시원시원하면서 약간은 자유분방한 스타일이었다. 내 친구 중에도 부모님에게 존대어를 사용하지 않는 이들이 이미 꽤나 많았기 때문에 친구 부자간의 편한 언어생활 방면은 놀랍지 않았었다. 나름 충격적이었던 장면은 그 친구가 아버지와 물건을 주고받을 때 서로 던져서 주고받는 것이었다. "아들아, OO물건 어디 있냐?", "여기 있네요, 받으세요." 하면서 아버지께 토스하는 모습은 지금도 그 장면이 기억날 정도로 생생하다. 어른께 물건을 드릴 때는 두

손으로 공손히 드려야 한다고 배워왔고 그 인식을 당연하게 갖고 있었던 내게 그 장면은 놀라운 일이었다. 그런데 재미있는 점은 그 행동이 전혀 상호간에 예의에 어긋났다든지 어색해 보이지 않고, 너무나도 자연스러워 보였다. 아버지와 아들이 수직적 상하관계가 아닌 친구사이처럼 느껴졌다. 이런 새로운 스타일의 부모와 자식관계를 나는 '新부자유친' 이라고 부른다.

반면에 또 다른 친구 한 명은 지금도 아버지와 상당히 마음의 거리를 두고 산다. 어머님이 어렸을 적에 돌아가셔서 아버지 손에 자란 친구인데, 아버지를 상당히 어려워하고 어색해한다. 가끔 만날 때마다 그 친구에게 '아버님과 친하게 지내라(?)' 고 하면서 술도 한 번씩 권하라고도 한다. '다른 사람이 모두 돌아서더라도 부모님만큼은 언제나 우리 편이고, 특히 아버지는 아들의 영원한 멘토' 라는 전형적인 충고를 해도, 본인도 알고 있지만 그게 행동으로 옮기기가 쉽지는 않더란다. 사실 우리 주변에는 이런 부자관계를 찾기가 훨씬 쉽다. 우리세대 아빠들은 엄격한 아버지를 모시면서, 한편으로 자식들에게는 친구 같은 아빠가 되어야 하는 걸까?

요새 딸 가진 아빠들은 그런 얘기를 듣는다고 한다. 아빠가 아빠 같으면 친해질 수 없고, 친구 같으면 친해질 수 있다고. 그래서인지 요새 주위 선배들을 보면 아버지 같은 아빠보다는 친구 같은 아빠들이 점점 더 많아진다. 어르신 한 분을 뵌 적이 있는데 대학생 딸 옆에 앉아 다정하게 대화하시면서 딸의 손을 잡았다가 쓰다듬었다가를 계속 하시는데, 요새는 이런 아버지상이 딸들에게 인기가 있을 거 같다. 어떻게 보면 친구사이, 또 어떻게 보면 연인사이 같기도 한 모습에서 아버지와 딸의 친함이 아름답게 느껴졌었다. 그러면서 한편으로는 평소에 딸을 이렇게 아끼고 예뻐하시는데, 나중에 시집보낼 때, 얼마나 마음 섭섭해 하실까 하는 생각도 들었었다.

평생을 근엄한 아버지로 살아오셨을 아버지들이 많이 계실 텐데 그 분들께 부탁의 말씀을 올려본다.

“부디 조금 힘과 무게를 빼고 아들딸, 손자손녀들에게 다가가시면, 자식들이 아버지를 조금 덜 어려워하며, 지금보다 더 많이 좋아할 겁니다. 그 모습이 지금 이 시대의 트렌드입니다. 시어머니들도 며느리들한테 조금씩 너그러워지고 있는 추세처럼 말이죠. 그리고 우리 세대들도 아버지들을 세대차이가 존재하는 어르신으로만 볼 것이 아니라, 그 분들을 이해하려고 합시다. 친한 사람을 친구라 표현하는 것처럼, 세대를 이어 친구로 맺어져, 각자가 자기 스타일대로 약간씩 변형시킨 ‘新부자유친’ 을 실천한다면, 지금보다 집안 분위기는 조금 더 훈훈해 질거라 생각됩니다.”

03 ▸▸▹

소통하라, 자식의 지식이 천근이라도 들어 올리리라

"아버지는 중고등학교 때도 공부하란 말씀 안하시더니 이제 와서 자꾸 공부하라고 하세요? 이제 다 큰 아들에게, 제가 알아서 하잖아요."

직장에 다니는 큰 아이 놈이 불만스럽게 대답한다. 나는 나의 애들이 학교 다닐 때 공부하라 소리를 거의 안했던 것 같다. 공부하라 소리를 참았다고 하는 것이 맞을 것이다.

나의 직장 초년시절에 참 모시기 어려운 상사 한 사람이 있었다. 아니 그 상사가 볼 때는, 내가 다루기 어려운 부하 한 놈인지도 모른다. 그 상사는 사람도 좋고 업무지식도 비교적 해박했다. 그런데 부하 직원들로부터 이른바 '인정기'를 즐겼다. 빈번하게 만만한 부하 직원들에게 "요즈음 인정기가 없어" 하면 주말에 서울 집으로 올라가는 그에게 소고기 근이며 쓸 만한 것이 쥐어졌다.

나도 비교적 상사들을 잘 모신 편이었지만 가렴주구형 상납은 질색이었다. 그 때문에 나는 업무나 업무 외에 피해를 많이 보기도 했다. 요즘말로 왕따를 당하고 민간인 사찰을 당하기도 한 셈이다. 그이는 나의 업무를 거드는 여직원들에게 돕지 말라고 은근히 종용하기도 했다. 그럴수록 나는 오기가 났고 그 오기로 버텨나갔다. 업무능력도 시원찮고 가장 하급에 속한 내가 고위 상사를 상대로 오기로 버틴다는 것은 크나큰 스트레스였고 매우 힘들었다. 그 후유증은 지금도 남아있지만, 그 후 인생사란 '새옹지마' 이기도 하고 '전화위복' 이 되기도 한다는 것을 많이 느낀다.

이렇게 얄미운 상사한테 억울하게 당할 때마다, 다음에 내 아이가 크면 세계에서 제일가는 하버드대학교를 보내야지 하고 다짐했다. 왜냐면, 그 얄미운 상사의 아들들이 우리나라에서 제일가는 명문대학교에 다닌다는 얘기를 들어서이다. 그래서 나는 아직 어리디 어린 내 큰 아이놈에게, 나중 크면 하버드대학에 가라고 입버릇처럼 당부하곤 했다. 시골에 계신 아이의 할머니가 어린 손자에게 "나중 어느 대학을 갈 거냐?"고 물으니 "하버" "하버" 하더라며 하버가 뭐냐고 했다.

그런데 나중에 내가 '하버드대학의 공부벌레들' 이라는 책을 읽고, 영화(T.V. 드라마인지 기억이 희미함)를 보고나서, 그 하버드 사람들의 천재성과 노력이 부럽기도 했지만, 너무 어려운 공부를 따라가지 못하는 일부 학생들의 정신적인 고충과 결말은 보통 사람이 할 짓은 못 되었다. 그래서 생각을 바꾸었다. 내 아이를 공부는 조금만 잘하고 건강하고 즐겁게 살도록 키우자고.

아이들 유아기에 아이 지도 도서를 두어 권 읽곤 했는데, 재미있게 가르치며 눈높이를 맞추고 기본을 갖추는 게 중요하다고 느꼈다. 그리고 스스로 공부하는 습관이 매우 중요하다고 생각했다. 그래서 초등학교 시절에는 밤 10시안에 잠자리에 들게 하고, 학원도 많이 보내지 않았다. 아내는 남의 집 아이들에게 피아노 교습을 하는 틈에 우리 두 아이의 피아노 교습도 하였다. 그런데 남의 자녀 학부모들로부터는 학원보다 좋다는 평판을 얻었는데, 정작 자신의 두 아이는 가르치는데 실패했다. 나는 그림에 상당한 취미와 재능을 가졌다고 자부하는데, 내 두 아이 그림공부는 내 맘대로 가르치지 못했다. 그때 나는 '세상에 공짜는 없다.' 라는 진리를 깨달았다.

대신 자립심을 키우려고 노력했다. 아이들에게 동화책은 재미있고 수준에 맞는 책을 권했다. TV 시청이나 게임기 등의 오락은 줄이는 대신, 그 시간은 밖으로 쫓아내어 친구들과 축구나 야구 게임을 하도록 했다. 중학생이 되어 쉬는 날이면, 학교기숙사에 사는 친구들을 집으로 데려와 놀도록 하기도 하고, 방학이면 먼 시골의 그 친구들 집에 가서 놀며 농어촌 체험을 하고 오도록 권했다. 온 가족이 시골 할머니댁과 외할머니댁을 지도를 들고 기차를 타고 오가며 할머니 · 외할머니와 조손 간에 정을 두텁게 쌓기도 했다.

특히 온가족이 모인 밥상에서 이야기하는 시간을 아주 중요하게 생각했다. 가급적 시간을 맞춰 온 가족이 이야기를 하며 식사를 했다. 우리의 식탁은 오순도순 이야기의 장, 토론의 장, 고민 상담의 장이었다. 때로는 큰 소리도 나곤 했는데 그건 가장인 나의 리더십 결여의 탓이리라.

'1등 강요 모친 살해' 소년 "골프채로 200대 맞고……."[1]

근래 전해지는 한 끔직한 뉴스다. 공부하는 자식을 골프채로 더 재촉했고, 막다른 골목에선 자식은 돌이킬 수 없는 일을 저질렀다. 전날에 아들은 모범생이었고 어머니는 사랑으로 가득했었는데, 그 놈의 공부가 무엇이며 자식의 출세가 무엇인가? 국가는 끝없는 경쟁으로 몰아가고 부모는 골프채로 채찍질한다. 아~, 이러한 풍경이 대한민국 아니고 어느 땅에 또 있을까?

나도 아이들 어렸을 때는 매를 들었었고, 아이들의 매에 대한 애환이 있다. 매 이야기는 나의 처가집 얘기로 시작된다. 나의 장인께서는 젊은 날 공무원 생활을 하였는데 비교적 청렴한 공무원이었던 것 같다. 인심이 후하여 주변의 어려운 이들을 많이 돕고 사신 듯했다. 결혼 후 처가에 가면, 예전 어려운 시절에 큰 도움을 받았다고 인사 오는 이들도 더러 있었다. 그러한 나의 장인은 나의 결혼 후 2년이 채 못되어 별세했다. 그때 처가는 남은 재산이 별로 없었고 처남들은 어렸다.

나도 빈손으로 결혼한 터이지만 처가 형편이 그러니 처가 덕을 볼 처지가 못 되었다. 내 큰아이가 젖먹이 때 잔병치레로 설사를 오랫동안 해 집사람은 늘 빨래를 해야 했다. 이를 안타깝게 여긴 장모님이, 어느 날 세탁기를 사라고 봉투를 가져오셨는데 나는 정중히 사양했다. 사실 그때만 해도 나는 세탁기가 가정의 사치품이라고 생각했고, 형편이 어려운 처가의 도움을 받을 수 없었던 것

---

1 중앙일보(인터넷) 뉴스, 2012.8.22.

이다. 임지가 몇 번 바뀌고 몇 년이 지나, 우리집에 놀러온 후배 직원의 부인이 "아직도 세탁기 없는 집이 있느냐"고 해서 우리집에만 세탁기가 없는 것을 나는 그때야 알았다.

그런데도 처가를 가면 욕심나는 게 딱 2가지가 있었다. 하나는 진품인지 짝퉁인지 옛 도자기가 하나 있었는데 나의 그림 소재로 안성맞춤일 듯했다. 다른 하나는 옛 시절 곡식을 말로 측정하는 도량 도구로 썼던 막대인데 아이들 교육용 매로 안성맞춤일 듯했다.

그 도자기를 가져간다 해도 장모께서는 흔쾌히 주셨겠지만, 내가 보기에는 처가에 마지막 남은 귀물을 가져간다는 것이 내 양심상 맞지 않아 말도 꺼내지 않았고, 누가 봐도 별 볼일 없는 그 막대만 얻어왔다. 그 막대로 두 아이놈 매로 썼다. 허나 공부 때문에 매 때린 기억은 없다. 그래서 공부 문제로 들볶지 않았다는 에피소드가 더러 있다.

큰 아이놈이 중학생이 되어 다음날 첫 시험인데도 밤 10시가 되자, 책을 덮고 잠자리로 가더라는 것이다. 아이 엄마가 "내일이 시험이라면서 벌써 자면 되겠느냐?" 했더니, 중학생인 큰 아이 대답이 "아빠가 밤 10시 되면 잠자리로 가라고 하셨는데요." 하더라는 것이다. 그때 나는 직장 생활로 주중에는 집과 먼 거리에 있는 지방에서 지내고 있었던 때였다. 가장인 내가 '이제 중학생이 되면 10시 넘어서 잠자리에 들어야 한다.' 라고 얘기 했어야 했나 보다. 중학생이면 알만한 나이인데, 그 놈이 알면서 모른 척 했는지 진정 몰랐는지 모를 일이다.

작은 놈은 초등하교 시절 맨날 놀더니 성적이 뚝 떨어졌다. 며칠간을 잠 자다가 고함을 지르며 벌떡 일어나 안절부절 못했다.

우리 부부는 놀라서 그 아이 방으로 달려가 위로해야 했다.

"괜찮다. 그 정도면 공부 잘 한 거다. 나는 초등학교 때 겨우 80점 맞았는데 너는 평균 90점이 넘지 않느냐?"

사실이다. 나의 초등학교 시절에는 평균 80점 정도만 맞으면 반에서 1, 2등 하였다.(특히 나의 초등 동기들은 놈팽이들이 많았던 것 같다.) 그런데 요즘 애들은 과목당 2, 3개만 틀려서 평균 90점이 되어도 상위권에서 밀려나곤 했다. 그런데 그 뒤에도 작은 아이 놈은 학교에서 돌아오면 가방 던져 놓고 노는데 정신이 없기에 따끔하게 야단 친 적이 있다.

"야 이놈아, 그렇게 놀고 시험 잘못 봤다고 잠자다가 '푸 푸' 하면 무슨 소용이 있느냐? 평소에 공부를 좀 해야지." "그렇게 해서 어떻게 대학이나 가겠느냐?"

그 말이 다소 따끔했는지 그놈은 지금도 그것을 기억하고 있다.

매는 주로 형제간 싸움 때문에 들었던 것으로 기억된다. 특히 작은 놈은 매를 맞고도 아픈 내색을 하지 않았기 때문에, 나는 화가 나서 보너스로 두어 대를 더 때린 적이 있다. 그리고 따로 따로 불러 큰 놈에게는 "형이 형답게 굴어야지 하나밖에 없는 어린 동생에게 양보도 없느냐."고 나무랐고, 작은 놈에게는 "형을 형답게 대해야지 그리 건방지게 구느냐."고 나무랬다. 잘잘못을 따지는 재판을 하지 않고 거의 연대 과실로 보았으니, 두 놈 다 억울했는지 모를 일이고, 내가 잘못 했는지도 모른다. 내가 법 공부를 깊이 한 바가 없어서 무지한 탓도 있으리라.

심하게 때리지는 않았지만 매를 때리고 후회 한 적도 있다. 그 매도 중학생이 되자 들지 않았다. 중학생이면 어느 정도 명예를 존중

할 때라고 본 것이다. 지금은 그 매를 나만의 가보로 보관하고 있다. 어느 날, 이제 결혼할 나이가 된 큰놈이 그 매를 보며 얘기한다.

아들 : 아버지~

나 : 왜?

아들 : 제가 결혼 후 아이를 낳아서 돌봐달라고 만약 아이를 맡기면, 매를 드실 건가요? 아닌가요?

나 : 네가 용돈을 많이 주면 매를 안 들고, 적게 주면 들어야지.

아들 : 아무래도 매를 들으셔야 될 것 같은데요.

이렇게 말하는 아들이 용돈을 적게 주겠다는 뜻인지, 매를 들어 바르게 키워달라는 뜻인지 물어보지는 않았다.

부모와 자식 간은 세상에서 가장 가깝고 무엇보다도 큰 사랑이 오가는 사이지만, 반면 가장 갈등이 크고 가장 먼 사이가 되기도 한다. 그런데 대한민국 많은 부자간에는 갈등이 크고 부자유친하지 못하다. 왜 그럴까? 나름대로 몇 가지로 정리해 본다.

첫째, 부모의 자식에 대한 과잉 사랑과 기대 때문이다. 자식을 사랑하지 않은 부모가 세상에 어디 있을까? 그건 세상을 이어가게 하는 신의 섭리인지, 진화론자들이 말하는 자연선택에 적응하는 유전자의 지시인지 나는 알 수가 없다. 그렇지만 자식사랑은 태고때부터 이어져오고 있는 가장 중요한 일이다. 그러나 사랑에도 절제가 필요한 것이다. 유 · 소년기에는 지극한 보살핌이 필요하고 성장기에는 스스로 서도록 지도하며 성인이 되면 독립이 되도록 해야 한다.

사람보다 하등한 펭귄을 보라. 아비 펭귄은 몇 개월을 굶으며 알을 품고, 새끼가 태어나면 어미 펭귄은 몸에 저장했던 양분을 새끼에 먹이느라 몸을 거의 소진하고 생명을 걸고 새끼를 감싼다. 어느 날 새끼가 자립할 때가 이르렀을 때 단호히 냉정해진다. 어제처럼 새끼가 품안으로 들어오려 하면 가차없이 거절한다. 이렇게 자녀를 독립시키고 그들은 다시 고향 바다로 제 길을 떠나는 것이다.[2]

이제 나의 큰 아이가 적령기가 되었다. 장가 갈 생각은 안하고 집에 붙어 직장에 출근한다. 그리고 자유분방하다. 요즘 추세라며 당연한 듯 행동한다. 나는 잔소리한다. "병아리도 노란털이 사라지면 어미가 쪼아대고, 펭귄도 어느 정도 성장하면 어미 품에 들어오지 못한다. 우리도 네가 집에 있는 걸 원치 않으니 이제 나가라."

재촉에 못 이겨서인지, 신의 섭리인지 올 가을에는 장가를 간단다. 부모로서 새 보금자리를 마련할 비용을 충분히 보태지 못해 다소 민망하고 미안하지만, 먼 후일 그것이 전화위복이 될 것이라고 자위한다.

대한민국 부모들의 자식 사랑과 기대는 바벨탑보다 높고, 지옥의 심연보다도 깊다. 너무 자식을 사랑한 나머지 어느 막강한 고위층 아들들은 군대 갈 연령이 되면 큰 병이 나고, 어느 큰 부자들은 재산 물려주느라 온갖 편법 불법을 행한다. 그러다가 바벨탑 무너지듯 공든 명예 무너지고, 자식 형제간들 견원지간의 심연에 빠지게도 한다. 대한민국의 가장 큰 편법 불법의 근원은, 이 나라 사람들의 과잉

---

2 『남극의 눈물』, 2012 MBC 다큐멘터리

자식 사랑과 과잉 기대에서 유래한다 해도 과언이 아니리라. 저 북녘에서도 권력과 독재를 통째로 3대째 세습하며 전횡을 휘두르고, 그 밑의 동포들은 독재와 가난에 긴 세월 신음하고 있다.

둘째, 대리만족의 과도한 표상이기 때문이다. 툭하면 자식 자랑하는 것은 팔불출이라지만, 잘난 자식을 자랑하고 싶지 않다면 그것은 거짓이거나, 정상이 아니다. 하지만 이 나라 부모들의 대리만족은 가히 하늘 높은 줄을 모르고 세상 끝보다도 길다. 좋은 학교에 보내려고 학원 · 학군 좋다는 강남으로 몰리고 몰려 부동산 값을 치솟게도 하고, 처자식 먼 나라 보내고 처음에는 자랑으로 여기다가 슬픔에 빠지는 기러기 아빠도 참 많다. 온갖 재산과 정성을 바쳐 자식에게 몰입하고 눈 높은 짝도 맺어 훌륭한 가문을 만들어 가기도 한다. 허긴 나도 아이들 학교 따라 서울에 올라오게 되었으니 크게 뭐라 할 형편은 못된다.

그러나 정작 부모가 중병에 걸리면 자녀가 대리해 주지 못하고, 부모가 곤궁에 빠지면 외면하기 일쑤다. 양로원에는 그 잘 키운 아들 딸 본지 오래되어 한숨짓는 노부모 많고, 저 건너 쪽방 촌엔 자식 소식 끊긴 집이 많다.

셋째, 의사소통의 부재이다. 아버지는 출세에 바쁘고 자녀들은 시험에 눈코 뜰 새 없다. 한 집에 살아도 얼굴 보기 힘들고 한 밥상에 앉아도 시차가 있다. 어느 날 문득 얘기하려 보니 장벽이 베를린 장벽보다 두텁다. 이제 아버지의 의식은 시멘트처럼 굳어졌고 자녀들은 아는 게 너무 많아 상대하기가 버겁다. 무심한 십년이 부모 자식 간에 그리 두꺼운 벽을 만든 것이다. 틈나는 대로 밥상머리 대화만 가졌더라도 이런 벽이 없었을 것을…….

학창시절에 읽었던 어느 외국 작가의 수상록이 떠오른다. 어느 시골 여인이 송아지를 키우는데, 자식 같이 사랑하는 송아지를 매일 들어 올리곤 했다. 그것이 습관이 되어 그 송아지가 황소가 되었어도 들어 올렸다는 얘기다. 참인지 지어낸 얘기인지 모르지만 뜻 깊은 얘기다.

자식이 성장하여 지식을 아무리 많이 쌓거나 자식이 승승장구하여 지위가 아무리 높아져도, 무식한 부모를 바꿀 수 없고 천한 부모를 부정할 수도 없다. 밥상머리에서 대화만 갖는다면 자식이 아무리 많은 지식을 가지고 있더라도 그 지식이 어렵지 않았을 것이고, 평소 소통이 있었더라면 부자간 장벽은 백지장보다 얇았을 것이다. 부모가 영어 수학을 몰라도 자식의 얘기를 이해할 수 있고, 부모와 얘기만 나눠도 자식의 고민은 반감된다. 자식이 학교에서 배운 지식을 담고 있다면, 부모는 인생의 지혜로 차 있는 것이다.

자식을 사랑하라. 그러나 참되게 사랑하라. 자식을 앞 세워라. 그러나 자식을 끝까지 따라가지는 마라. 때가 되면 그냥 가게 놔둬라. 소통하라. 부모의 사랑과 살아온 지혜가, 자식이 지닌 지식이 천근이라도 어렵지 않게 들어 올릴 것이다. 그리하면 절로 부자유친이 될 것이다.

"아들아 사랑하는 아들아, 공부하라." "이제 진정 공부할 때다. 진정 혼자 세상의 길을 갈 때가 된 것이다. 세상은 넓고 할 일도 많다. 직장공부, 인생공부. 해야 할 공부 참 많다. 가는 길에는 고난도 있을 것이고, 행복도 있을 것이다. 고난을 헤치고 더 큰 행복한 세상으로 힘차게 나가거라."

04 ▸▸▹

건강해야 좋은 아빠가 될 수 있다

나는 틈만 나면 또 건강 설교를 한다. 건강전도사 쯤 된다. 약대나 의대 문턱도 못 밟아 본 나에게 주제 넘는 일이기도 하다. 참, 어른들 병원에 모시고 가면, 의사 친구가 있어서 의대 연구실 문턱은 간혹 넘나들곤 했다. 그리고 전문 서적을 한 권도 읽은 적이 없다. 아니, 읽을 실력이 없다. 그래도 전도한다.

현미밥과 채소를 많이 먹어라. 운동 좀 해라. 물을 많이 먹어라. 담배를 줄이다가 아예 끊어라. 불에 태운 고기는 조심해라. 술은 적게 먹어라. 등등 한이 없다. 그래서 내 친인척과 지인들 간에는 현미식 전파도 많이 되었고, 비아냥과 함께 더러 좋은 응답도 듣고 있다.

나의 건강전도사 유래는 이렇다. 앞 부문 어디에서 언급한 바와 같이, 나의 아버지는 말년에 10여 년을 병중에 계시다 돌아가셨다. 병원을 전전하다 나중 몇 년은 아예 누우셨다.

젊은 날 외지에 나가 장사해 자수성가 했고, 마을에서나 문중에서 신망이 높았던 그이였다. 10년이면 강산도 변한다고 했는데 우리집도 주로 좋지 않은 쪽으로 변했다. 가산은 거의 바닥이 났고, 주위의 신망도 점차 잃어갔다. 남은 건 마을과 집안 간에 조금은 귀부인이었던 어머니의 고생이었다. 참, 또 있다. 그래도 시골출신 4형제가 고등학교 수준까지 마쳤으니 아버지가 젊은 날 벌어놓은 덕택이고, 어머니의 교육열 덕이다.

장형은 성대하게 장가까지 갔지만, 둘째형은 군대 다녀와서 대학교에 복학하려 하니 제동이 걸렸고, 셋째형은 고등학교에 가고 내가 중학교에 들어 갈 무렵부터 본격적으로 찬바람이 불기 시작했다. 그러고 보면 막내인 내가 가장 긴 겨울을 보낸 셈이다.

내가 중학교에 가서 직장에 다니기 전까지 즐거운 추억은 거의 없다. 왜 즐거운 일이 없었을까마는 이 고난의 기억이 즐거운 추억을 상쇄하고도 남았기 때문이리라. 조영래나 김근태처럼 재주가 비상하였다거나 전태일처럼 정신력이 강인했다면 잘 버텨 나갔을 텐데, 나는 재주가 비상하지도 정신력이 강인하지도 못했다. 그래서 풀이 죽어 살았다. 웃고 살아도 웃는 삶이 아니었다.

나도 중학 시절부터 객지에서 학교와 직장생활을 했기 때문에 부모님과 떨어져 살았다. 주말이면 간간이 집에 가서 아버지를 돌보고 어머니 일을 거들고 했는데, 가고 싶지도 않지만 가지 않을 수 없는 곳이 부모님이 계신 우리집이었다. 병중에 계신 아버지가 딱해서 괴로웠고 온갖 일과 걱정으로 사는 어머니가 짠해서 눈물 바람하며 돌아서곤 했다. 나는 이 글을 쓰면서 흐르는 눈물을 주체

할 수 없다. 다행히 지금 아내가 밖에 일보러 가고 없어서 편하다.

나는 아버지가 돌아가셨을 때 울지 않는다고 어머니한테 야단 맞았다. 어머니가 돌아가셨을 때도 거의 울지 않았는데 그때는 시비 건 사람이 없었다. 그 많은 사람을 울렸다는 영화 '레미제라블' 을 보고도 나는 울지 않았다. 레미제라블을 보고 울지 않았는데 영화 '링컨' 을 보고 울었다는 사람이 있던데, 나는 링컨을 보고도 울지 않았다. 사실 그 영화들을 보면서 눈시울이 따가운 부분이 많기는 했다. 내가 남 보는 데서 울지 않는 이유는, 젊은 날 남 보이지 않게 우는 연습을 많이 했기 때문인지 모른다.

나의 아버지는 서당에서 한학을 공부한 출신답게, 전형적인 시골 양반으로서 애정표현이 없었다. 아버지는 마을과 문중의 어려운 일에 앞장을 섰어도 자식들 사랑하는 표현은 거의 없었다.

장형의 회고담에 의하면, 어린 시절에 장형의 여동생을 병으로 잃었는데 저쪽보고 누운 아버지 눈에는 하염없이 눈물이 흐르더라고 회상했다. 소위 양반으로서 자식에 대한 애정 표현을 못했던 그이도, 가슴 속에는 남 못지않은 따뜻한 사랑이 있고 눈물이 있었다는 것을 전날에는 몰랐다.

결혼할 나이가 되었을 때, 직장은 잡았지만 아버지는 병중에 계시고 집안사정도 어려워서 장가 갈 형편이 못 되었다. 어느 날 마지못해 어머니를 따라 선보러 가 읍내 다방에서 기다리고 있는데, 저쪽에서는 딸을 데리고 딸의 아버지 즉 나의 장인 될 분이 나타났다.

"원 세상에 저럴 수가……. 세상에 저런 아버지도 있나."

"부녀간에 저렇게 다정할 수도 있나?"

나는 그 정서에 반해 버린 것이다. 그 뒤 장인 될 그이로부터 정중한 편지가 오고 나는 공손한 답장을 써야 했다. 나의 아버지께는 죄송하지만, 장인은 아버지보다 다정다감했다. 그래서 나는 장인과 짧은 동안 옹서 간에 정을 많이 나누었다.

결혼 전에 오랜 병중에 계시던 아버지가 돌아가셨다. 아버지가 돌아가시자 우리집에 조문을 왔던 사무소장은 내 집 가까운 계통 사무소에 들려 그 사무소장에게 나를 보내 주겠다고 했다. 사무소의 입지가 더 좋은 곳으로 옮기려면 봉투를 들고 옮기던 시절이었지만, 덕망 있는 상사 덕분에 다음 인사 발령 때 그냥 고향 사무소로 발령을 받았다. 내 직장생활 중엔 불편하고 힘든 상사도 많았지만, 이렇게 덕망 있고 훌륭한 상사도 많았다.

이후 고향집에서 어머니를 모시고 살며 직장생활을 했다. 내 직장에서 처가 될 곳과는 거리가 아주 가까웠다. 장인 되실 분은 간간이 좋은 안주와 술을 준비해 놓고 나를 불렀다.

결혼 후에도 장인께서는 깍듯하면서도 다정하게 나를 대했고, 나는 아버지의 정을 느끼며 살았다. 결혼 후 2년 정도 지났을까, 정정하던 그이가 어느 날 갑자기 누우셨다. 며칠 후 대학병원에서 췌장 악성종양 판정을 받았다. 젊은 날 큰 병력이 있는 그이는 이번에는 그냥 가도록 놔두라고 우겼다. 늦게 둔 자녀들에게 빚을 지우지 않으려는 뜻이었을 것이다. 병원 측도 희망이 없다고 했고, 나도 사회생활 초년생으로 좋은 방법이 없었다. 큰 처남도 나보다 어렸고 객지에 있었다. 자가에서 간호를 받다가 반년 후 가셨다. 그렇게 다정다감한 장인이 돌아 가셨어도 울지는 않았다. 남 보는 데서 울지 않는 연습이 잘 되었기 때문일 것이다.

어머니는 아버지가 병환으로 눕자, 일을 많이 해야 했다. 어머니가 고령이 되고 이제는 자식들이 돈을 벌어 가세가 펴졌는데도 일은 그칠 줄을 몰랐다. 일 중독이 된 것이다. 말리는 자식들의 눈총을 받고 만류를 받으면서도 일을 해댔다.

"내 아들들이 오면 일하지 않는다고 해라."

이렇게 주위의 사람들에게 당부해 가면서 일을 극성으로 해댔다. 어머니 곁을 맴돌고 살았던 나는 툭하면 어머니를 병원으로 모셔야 했다. 돈은 서울 형들이 많이 보탰지만, 나는 직장 눈치 보랴, 의사 친구들에게 사정하랴, 하기 싫은 과외 일을 많이도 했다. 결국 어머니는 눕고 말았다. 평소 어머니는 답답하다고 서울 사는 것을 좋아하지 않았지만, 몸져눕자 할 수 없이 서울 아들들 집과 병원에서 반년 남짓을 지내다 가셨다. 나의 어머니는 일만 좀 줄였다면 노후를 즐기면서 오래 사실 수 있었던 분이었다.

내 장형의 애창곡 일번은 '어머니 오늘 하루를 어떻게 지내셨어요.' 인데 이 노래를 실감나게 목 놓아 부르면 어머니가 살아오실까 겁난다. 어머니는 멀리 떨어져 사는 장남을 항시 그리워하곤 했는데, 장남 역시 어머니를 보면 살갑게 했다. 나는 속으로 천살스럽다고 했다. 나는 너무 억척같은 어머니가 항시 짠하기는 해도 살갑지는 않았다. 아버지의 긴 병과 그리고 어려운 가정환경 속에 자식을 키워내는 세월이, 곱고 교양 있던 어머니를 그렇게 억척스런 여인으로 만들었을 것이다. 그 생각에 나는 또 눈물이 흐른다.

'나는 절대로 아버지처럼, 장인처럼, 어머니처럼 오래 눕다가

죽지 않겠다.'

이렇게 다짐했다. 그러나 그것은 구호에만 그친 것이었다. 직장에서 야근을 밥 먹듯이 하면서 술에 찌들고, 상사로부터의 스트레스에 눌려 살았다. 그러다 보니 어느 날 어린 시절 알았던 중이염이 재발했다. 전에도 서너 번 재발한 적이 있는데 이비인후과에 가 3~4일만 치료 받으면 곧잘 나았었다. 그런데 이번에는 달랐다. 보름이 가고 두세 달이 가고, 약국과 병원을 바꾸고 바꿔도 끄떡하지 않았다. 영국제 독일제 미제 등 외제 약을 교대로 써보고, 직장 눈치 봐가며 소문난 병원을 찾아 2년을 넘겨도 소용이 없었다. 그간 한방요법을 비롯해 단학과 마인드컨트롤까지 별 걸 다 해보았다. 그러나 각종 질환이 추가만 되었다. 이가 시려서 겨울에는 찬 김치나 콩나물을 못 먹을 정도가 되었으며, 혓바늘이 수시로 돋고 두드러기가 온몸을 덮었다. 매 시간 귀에서 흐르는 농을 닦아내며, 매끼 먹는 많은 약과 푸석푸석한 내 몸에 불안한 날이 이어졌다. 죽는 건 그리 두렵지 않는데 처와 어린 아이들 놔두고 폐인이 되거나 죽으면 어쩌나 하는 것이 큰 걱정이었다.

그러던 중 우연한 기회에 이웃의 권유와 아내의 간청으로, 마지못해 제칠일안식일 교인인 이상구 박사의 뉴스타트(newstart) 건강강좌를 녹음테이프로 듣게 되었다. 그게 귀에 쏙 들어오고 길이 보였다.

뉴스타트(NEWSTART)란, N(Nutrition)–건강식, E(Exercise)–운동, W(Water)–깨끗한 물, S(Sunshine)–햇빛, T(Temperance)–절제, A(Air)–맑은 공기, R(rest)–휴식, T(Trust)–신뢰, 이 여덟 가지의 머리글자를 모은 것이다. 이것은 손상된 유전자를 회복하

여 잃었던 본연의 자신을 되찾고 새로운 삶을 누리게 하기 위한 '새출발, 새생명 운동' 이다. [1]

모두 일상에서의 생활 습관과 관련된 것들이다. 그동안 나는 야근과 술 담배, 스트레스 등 건강과는 상반되는 생활을 하고 있었던 것이다. 이에 내 몸의 많은 세포들이 찌들어 온몸이 망가지고 있었음을 자각할 수 있었다. 바로 생활습관 개선 실천에 들어갔다. 현미식과 채식을 주식으로 하고 육식을 피했다. 담배와 술을 끊었다. 그중 담배는 고래심줄 같이 질겨 끊기가 어려웠지만 상당 시간에 걸쳐 끊었다. 스트레스는 다행히 적게 받았다. 지난 사무소보다 업무가 적성이 맞고 이번에는 상사들을 잘 만나 업무나 업무 외에 큰 스트레스를 받는 일은 비교적 없었다.

3개월 쯤 지나자 좋은 기별이 오기 시작했다. 그리 시리던 이가 회복되고 두드러기가 거의 나타나지 않았다. 매끼 먹던 약을 확 줄일 수 있었고, 6개월이 지나자 약을 거의 먹지 않게 되었고 푸석푸석하게 느껴졌던 몸이 탄탄해졌다. 종전에 병원을 자주 들락거렸던 아이들까지도 감기에 걸리는 일이 없어졌고, 오랫동안 손바닥 주부습진으로 지문까지 없어졌던 집사람의 손가락에 지문이 나타났다. 온 가족이 건강한 모습으로 돌아선 것이다.

20여 년이 지난 지금, 누구보다도 비교적 건강한 편이다. 그렇

---

1 이상구, 『이상구 박사의 잘 먹고 오래 사는 법』 여성신문사, 2006, 59쪽
송숙자, 『뉴스타트 건강』, 시조사, 2007. 참고
『건강을 향한 새출발』 제칠일안식일교회 희망의소리 성경통신학교. 참고

게 시리던 이가 회복되어 그 이후 요즘 성행하는 임프란트 하나 없이 살아가고 있다. 다시 술도 먹고 육류도 먹지만 절제하는 편이다. 담배는 힘들게 완전히 끊었다. 스팸이나 인스턴트식품은 가급적 피하고 있으며, 집에서의 식사 기본은 여전히 현미밥 채식이다.

그 후 집사람은 안식일교회에 나가 비교적 신실히 신앙생활을 하며, 집사까지 승진(?)을 하였다. 그런데 정작 그 교회의 강좌 건강 덕을 본 나는 신앙생활은 못하고 있다. 대신 건강전도는 열심히 한다. 그 동안 나눠준 건강강좌 녹음테이프, 건강관련 도서는 수십 개, 수백 권에 이른다. 집사람은 손님을 초청하여 현미 채식을 많이도 제공했다. 우리집의 일 년 먹을 현미쌀이 여름에 바닥나기도 했다. 나는 그동안 비전공 돌팔이로서 몇 가지 건강에 대한 나만의 진리를 터득하였다.

약은 병을 죽이지만, 사람도 함께 죽인다. 급성질환은 병원에 가서 빨리 고치고, 만성질환은 음식을 비롯한 생활습관 개선으로 천천히 고쳐라.

이 말이 마땅치 않으면 더 적절한 말씀 좀 해 주시라. 건강해야 한다. 집안에 가족이 병으로 누우면 행복이 들어 설 공간이 없다. 기간이 길어지면 행복은 자취를 감추고 각종 우환만이 들락날락하게 된다. 아파 누우면, 틈만 나면 술 같이 마시며 간이라도 빼줄 듯했던 그 많은 친구들 다 어디가고 세 번 이상 문병 오는 친구 없다. 만약 세 번 이상 문병 와서 위로해 주는 친구가 있다면 진정한 친구라고 여기고, 죽으면서도 아름답게 기억하고 가도 되리라.

헬스장에서 평소 건강하게 보이던 한 지인이 자기들끼리 하는 얘기소리가 저쪽에서 들려온다. 혈압약을 계속 복용하나 개선이 되지 않는다고 한다. 자기 아버지도 병으로 10여 년을 누워 계신단다. 나는 그쪽으로 다가가서 전도 활동을 시작한다.

나 : 식생활을 좀 개선하시지요. 현미밥과 채식으로요.

이 선생 : 현미밥을 먹어 봤는데, 꼭꼭 씹기가 귀찮아서 포기했어요.

나 : 운동은 매일 두어 시간 하면서, 밥 5분간 더 씹는 것이 뭐 그리 귀찮다고…….

이 선생 : 대충 살다가, 그냥가면 되지요.

나 : 대충은 살아도 쉽게는 못 갈 겁니다. 이 선생 아버지처럼, 이 선생에게도 오랜 기간을 당신 자식들이 뒷바라지하게 될 수도 있을 것입니다.

(3일 후, 나는 헬스장에 들어서고 그이는 나오면서 만났다. 그가 나에게 반가운 소식을 전한다. 무슨 얘기를 했을까?)

아프지 마시라. 누가 아프고 싶어서 아프고 돈이 남아서 병원에 가나? 그렇지 않은 줄 다 안다. 이렇게 말하는 나도, 죽고 사는 것은 하늘에 달렸다고 생각한다. 그리고 내일 아침 내 건강을, 나도 장담 못한다. 그러나 평소에 최선을 다하고, 아니 최선은 아니더라도 어느 정도 노력하고 살아간다면 후회하는 일 적고 더 즐겁게 살 수 있을 것이다.

건강해야 좋은 아빠가 될 수 있다.

05 ▸▸▹

아빠들이여, 책을 읽어라

이 치열하고 각박한 시대에 책을 읽으라니 '정신 나간 놈이 하는 소리 아닌가?' 라고 생각할 수 있다. 만일 일자리를 구하지 못한 나처럼 백수 상태인 가장이 이 소릴 듣는다면 무척 화를 낼지 모를 일이다. 그런데도 나는 "책을 읽어라"고 권하고 싶다. 아니면 맨날 고스톱을 칠 터인가? 낚시를 할 것인가? 물론 바둑도 있고 골프도 있다. 이런 일들은 다소 여유가 있을 때 할 일들이다. 늘 그 정도 여유가 있으면 괜찮은 사람들일 것이다. 여기서 나는 나처럼 아내에게 밀리는 가장들에게 특별히 하는 말이다.

경기 침체가 국민 여가 패턴도 변화시키고 있다. 국민 대부분이 외부활동 대신 TV 시청이나 낮잠과 산책으로 여가를 보내고 있

다. 여가에 쓰는 비용도 크게 줄었다.[1]

경제가 어려워지면서 비용이 드는 활동을 자제하는 것으로 분석하고 있다. 여기서 산책 · 동호회 모임이나 등산 등 다소 적극적인 활동도 하지만, TV 시청 등 수동적인 여가활동이 큰 비중을 차지하고 있어 아쉽다. 특히 많은 정보와 지식 및 간접 경험을 얻을 수 있는 독서가 거의 비중이 없는 걸 보면 국민의 지적 수준 하락이 우려된다.

책 읽는 소리, 대한민국을 흔들다! 하루 20분씩, 일 년에 12권 읽기![2]

이 기초 자료를 제공한 문화체육관광부 인터넷 보도 자료에 쓰여 있는 캐치프레이즈이다. 일 년에 일 인당 평균 12권의 책을 읽으면 책 읽는 소리로 대한민국을 흔들 수 있는가 보다. 일 년에 책 12권으로 이 막강한 대한민국을 흔들자고 하니, 다소 애절하지 않는가? 제발 책 좀 더 읽어 대한민국을 흔들어 보자. 대한민국을 흔들만한 대한민국의 영향력 있는 이들에게 독서에 관한 얘기를 먼저 하고 싶다.

이와 관련, 대검 관계자는 "최근 잇단 검사 비리와 관련해 검찰

1 배한철 기자, 매일경제, 2012.12.28. A2면

2 문화체육관부 홈페이지

총수로서 국민 여러분께 사과의 말씀을 드리고 뼈를 깎는 자성과 함께 개혁방안을 제시하려는 것으로 안다."고 밝혔다. [3]

'뼈를 깎는 자성' '환골탈태' 등 많이도 듣던 문구다. 흔히 국가기관이나 사회의 큰 조직 등이 잘못을 크게 저지르고 나면 그들의 수장이나 상당한 위치에 있는 이들이 나서서 국민에게 반성하며 사과하는데 쓰는 전용 문구다. 그들은 하도 여러 번 뼈를 깎아 '뼈를 깎을 데가 없어' 이제 '뼈저린' 반성을 한다는 슬픈 소문도 있다.

나는 이런 얘기를 들을 때마다 슬프고 가소롭게 생각한다. 사실 이런 반성은 하나마나한 뜬구름 잡는 얘기이기 때문이다. 먼저 생각이 틀려먹었다. 잘못은 머리나 손이 했는데, 왜 죄 없는 '뼈를 깎는다.'고 법석인지 모를 일이다. 다음은 구체성이 없고 두루뭉술하기 때문에 당초부터 실천의지가 없어 보인다. 이러한 반성을 한 다음 그 뒤 제대로 잘했다는 얘기는 거의 듣지 못했다.

차라리 다음과 같이 반성하고 사과하면 어떨까? '저는 수장으로서 이번 저희 기관의 잘못으로 국민 여러분에게 심려를 끼치게 해서 대단히 송구스럽게 생각하며, 이번 일을 계기로 저희들은 앞으로 백범일지나 목민심서 등 좋은 책을 읽고 토론하여 구체적인 지침을 만들고 실천하여 진정한 국민의 공무원이 되겠습니다.'라고…….

유치하다고? 엉망으로 일해 놓고 두루뭉술 반성, 사과하고 다

3 연합뉴스, 2012.11.27.

시 잘못을 되풀이 하다 또 망신당하는 것이 유치한가? 아니면 실천 가능한 구체안을 내놓는 것이 유치한가? 사실은 독서하고 토론하는 조직이라면 어느 조직이든 모범조직이 될 것이다.

여태 그이들이 사서삼경을 안 읽고 육법전서 통달하지 않았을리 만무하지마는, 전에는 급제하기 위해서 읽었다면 이제는 목민하기 위해서 읽을 일이다.

TV를 과도하게 즐기다 보면 자녀들 공부를 방해하기 쉽고, 아내와 채널 쟁취 다툼하다 체면 구기기 십상이다. 또한 TV에 나오는 잘 나가는 남자들과 비교되어 아내로부터 금방 구박 받을 수도 있다. 결국은 찌질한 아빠가 되고 마는 것이다. 그러면 뭐 하면 좋으냐고? 먼저 도서관으로 가보자. 그리고 책을 읽자.

하지만 국내 공공도서관 현황은 부끄러운 수준이다. 총 759개로 경제협력개발기구(OECD) 국가 중에서도 꼴찌에 가깝다.

중증에 가까운 독서불감증을 비롯해 한국 사회의 고질병 몇 가지를 고칠 수 있는 첫 번째 해결책이 공공도서관을 3000개로 확대하는 것이다. 중형 규모(400석 이상) 마을 도서관 1개가 늘어날 때마다 사서직, 관리직, 행사요원 등 41개 일자리가 늘어난다. 전국 방방곡곡에 3000개 도서관을 확충한다면 12만 3000개의 고용 창출 효과가 있는 것이다. [4]

국민들이 여가를 이용해 도서관에 가서 책을 읽는다면 우리나

---

4 김슬기 기자, 매일경제, 2012.1.30. A1면

라는 진정한 선진국 진입에 쉽게 도달할 것이다. 우선 그 어려운 일자리가 획기적으로 창출된다고 하지 않는가? 3000개의 도서관에 12만개의 일자리 창출 효과가 있다고 했는데 부수적인 효과까지 합한다면 무수할 것이다.

부수적인 효과로는 정치 경제 사회 과학 문화 등 전반에 거쳐 저술에 활기를 띨 것이고, 출판사 인쇄소가 활황을 이룰 것이다. 지식 산업이 부흥하는 것이다. 그중에 괜찮은 내 일자리 하나쯤 있지 않을까? 도서관에 가서 책을 읽는 것만으로도 폼 나는 일이고, 내실은 지식과 정보를 얻게 되는 것이다. 거기에 일자리까지 얻을 수 있다면 그보다 좋은 일이 어디 있겠는가?

공공도서관 수 OECD중 꼴찌… 도서관을 미래 문화허브로
읽기 문화 전진기지이자 싱크탱크 최소단위
농촌지역 문화 소외 극복하는데 효과 커
위축되는 출판시장, 든든한 버팀목 역할[5]

주요 국가별 도서관 수, 1관당 인구 수[6] (단위 : 개관/명)

구 분	도서관수	1 관당 인구 수	기준년도
한 국	786	64,547	2011
미 국	9,225	33,468	2009
영 국	4,517	13,589	2008-2009
독 일	8,131	10,060	2011
일 본	39,813	39,813	2011

5 김슬기 기자, 매일경제, 2012.1.30. A5면
6 문화체육관광부 도서정책과, 2012.12.14.

도서관을 미래문화의 허브로 나가자는 주장은 참신하다. 그런데 도서관을 늘리는 것이 실현 불가능한 얘기라고? 아니다, 실현 가능하다고 판단된다. 우리 어느 전 대통령은 선진국 대열에 들어섰다고 당당히 선언했다. 사실 이 선언은 경제 규모로 봐서는 틀리지 않은 듯하다. 그리고 웬만한 것은 선진국을 따라가거나 넘어서기도 했다. 그런데 우리의 도서관 현황은 너무 뒤떨어져 있다. 공공도서관 수가 OECD중 꼴지란다. 이 부문도 선진국의 대열에 서면 되는 것이다. 선심성 복지예산이나 연말이 되면 멀쩡한 도로 재정비하는 예산 등을 아끼면 몇 년 안에 도서관 확대하는데 큰 무리없이 가능하다고 본다. 또한 중앙정부나 지방자치단체에서 이 사업을 지역 실정에 맞게 적극 추진한다면, 교육 인프라가 열악한 우리나라 현실에서 볼 때 어느 지역에서나 환영받을 일이다.

우리는 그 먼 옛날 주나라의 전설적인 강태공을 기억하고 있다. 강태공은 위수(渭水)가에 나가 낚시로 소일했다. 물론 그는 이미 많은 독서와 공부를 했고 높은 내공이 쌓여 있었다. 그는 매일 낚시로 세월을 낚고 있었던 것이다. 집은 끼니 잇기를 어렵게 궁핍한데 허구한 날 낚시로 소일하기에, 그의 아내는 인생을 포기한 건달로 알고 더 이상 참을 수 없었다. 결국 남편을 버리고 도망가 버리지 않았던가?

강태공이 대신 책을 읽고 있었다면 그래도 그의 아내는 희망을 버리지 않고 집을 나가지 않았을 것이다. 낚시로 소일하려면 최소한 아내가 그날 저녁 시장 볼 돈은 벌어놓고 해야 했는데……. 다행히 강태공은 서백(후일 문왕으로 추존됨)에 의해 발탁되어 출세

했기 망정이지, 하마터면 홀아비로 늙어 죽을 뻔했다. 후대 사람들은 집 나간 강태공의 아내만 나무라지만, 글쎄…….

남자는 성년이 된 후 시간을 때울 선택지가 다양하기 때문에 독서는 우선순위가 높지 않다. 그러나 남자라면 반드시 책을 읽어야 한다. 그것도 실리적인 목적이 아닌 순수한 정신적인 즐거움을 위해 읽는 것이 좋다. …(중략)…

나는 시간을 짜내 책을 읽은 경험이 있다. 어떤 책이 당신이 사랑하는 사람처럼 매력적이라면, 어찌 '데이트' 할 시간이 없겠는가? 내가 쓰는 방법은 아주 간단한 것이었다. 20분 이상 시간이 비면 무조건 책을 읽는 것이다. 단 몇 페이지만이라도 만이다. 하루 20분 이상 비는 시간은 아주 많다. 차타는 시간, 점심 먹고 쉬는 시간, 컴퓨터를 수리하는 시간, 잠들기 전……. 이 시간을 모아 책 한권을 금방 읽을 수 있음에 놀랄 것이다. [7]

시간이 많다고 독서하는 시간이 늘어나는 것은 결코 아니다. 시간을 만들면 만들 수 있다. 아침에 조금 일찍 일어나 시간을 얻고, 출 · 퇴근을 자가 운전 대신에 대중교통을 이용해 시간을 벌 수 있다. 결혼식장에 갈 때 지하철에서 상가에 갈 때 버스에서 시간을 벌 수 있다. 또 잠자리 들기 전 시간을 할애할 수 있다. 사람에 따라, 다독을 권하기도 하고, 음미하고 사색하는 정독을 권하기도 하던데 이는 필요와 취향에 따라 할 일이다.

---

7 한하오웨 지음, 김영화 옮김, 『남자의 도』, 물병자리, 2012, 215-217쪽

지금 일자리가 없다고, 수중에 돈이 없다고, 신세가 말이 아니라고, 친구들 보기 민망하다고 실망하지 마시라. 결코 절망하지 마시라. 당신은 틀림없이 되는 인생이다. 왜냐고? 이 책을 집어 들었기 때문이다. …(중략)…

그렇다면 두말하지 말고 10미터를 더 뛰어 보시라. 100미터를 뛰는 사람에게 200미터를 더 뛰어보라 하면 누구라도 포기할 것이다. 그러나 10미터만 더 뛰라고 하면 그건 얼마든지 뛸 수 있지 않겠는가? 차이는 바로 이거다. 어제 뛰던 대로 100미터만 뛰는 것과 10미터 더 뛰는 것의 차이다. 바로 이것이 인생의 성패를 가른다.[8]

위 글에서 이 책이란, 천호식품 김영식 회장의 저서 『10미터만 더 뛰어봐』를 말한다. 천호식품 김영식 회장이라 하면 알 것 같기도 하고 모를 것 같기도 할 것이다. 그런데 "남자한테 참 좋은데, 남자한테 정말 좋은데…. 어떻게 표현할 방법이 없네? 직접 말하기도 그렇고." 이 광고문을 생각하면 딱 생각 날 것이다. 그 광고주인 회사의 회장이다. 누가 외우라고도 않고 시험에 나오지도 않은 이 광고를 나는 저절로 거의 외우고 있고, 많은 국민이 기억하고 있을 것이다.

이 책은 그이가 밑바닥에서 정상까지 올라오면서 터득한 산전수전 두루 겪고 성공한 노하우를, 재기를 노리는 사업가나 맨주먹으로 시작하는 젊은이들에게 즉시 활용할 수 있는 실전 지침으로

8 김영식, 『10미터만 더 뛰어봐』, 중앙북스(주), 2011. 7-8쪽

제공하고자 쓴 것이라고 한다. 이 책을 읽어보면 확실히 10미터를 더 뛸 의욕과 용기가 생긴다. 그런데 그 의욕과 용기가 성공할 때까지 지속된다면 얼마나 좋을까? 지속만 된다면 이 책 한 권 독서로 성공은 거의 보장된다고 할 수 있다. 허나 한없는 장거리를 뛰어야 하는 것이 세상살이다. 뛰는 동안에 딴 생각도 하고 작심삼일인 것이 인간이다. 10미터를 계속 중단 없이 달리기 위해서라면, 이 책을 비롯하여 지속적인 독서를 권하는 것이다. 그래서 나는 사는 것이 힘들 때마다 책을 찾아서 읽고, 지하철에서도 틈만 나면 책을 읽는다.

여성들은 외출할 때 꼭 핸드백을 들고 다닌다. 화장품을 넣어가지고 다니면서 화장도 고치고, 모임에서 좋은 음식 먹다 남으면 싸서 담아 오기도 한다. 이렇게 여성들은 실속이 있다. 허나 남자들은 거의 빈손으로 다닌다. 먼 거리 오고 갈 때도 멍하니 다닐 때가 많다. 이렇게 남자들은 나이가 들수록 실속이 없고 머리는 희어져 간다. 머리는 희어지고 매력은 떨어지는데, 거기에 술 마시고 지하철이나 버스에서 냄새까지 풍기면 그야말로 애물단지가 된다. 식당이나 지하철역의 화장실에서 간단히 양치질이라도 하고 지하철에서 책이라도 읽으면 그나마 조금은 나아지지 않을까?

그래서 이제 남자들도 작은 가방을 들고 다니기를 권한다. 거기에는 신문과 책을 넣고, 칫솔 치약도 넣고 다니면 좋을 것이다. 그리고 신문과 책 읽기를 생활화 하자는 것이다.

책의 예찬은 공자님 이전부터 지금까지 헤아릴 수가 없다. 나는 여기서 독서의 필요성을 현학적인 얘기보다는 일상 위주로 몇 가지 좋은 점을 얘기 해 보겠다.

우선 책값은 그래도 비교적 싼 편이다. 술 한 번 먹을 돈으로 서너 권의 책을 구할 수 있다. 책을 읽으면 자녀들도 따라 자연스럽게 독서나 공부를 하기에 '공부하라' 는 잔소리를 덜해도 된다. 책을 읽으면 밥상머리에서 자녀들에게 시시콜콜한 잔소리가 아닌, 서로 교감할 수 있는 대화를 할 수 있다. 책을 읽으면 은퇴 후 아내와의 다툼에서, 장판교의 장비나 헌칼을 새칼 쓰듯하는 조자룡같이 날로 담대해지고 자유자재한 아내의 예봉을 다소 피할 수 있다.

책을 읽으면 술자리에서 판에 박힌 군대 얘기, 정치 얘기 등 시시콜콜한 허구한 날 되풀이 하는 얘기를 덜해도 된다. 직장인이 책을 읽으면 회의시간에 좋은 아이디어를 낼 수 있고, 유능한 직장인이 되기 쉽다. 책을 읽으면 막연한 건강 상식에서 벗어나서 좀 더 정확하고 유용한 상식을 얻고 활용할 수 있다. 또 병원에 가는 횟수를 크게 줄일 수 있고 돈을 절약할 수 있다.

책을 읽으면 사업을 비롯한 모든 정보와 지식을 접할 수 있고 응용할 수 있다. 책을 읽으면 만용이 적어지고 진정한 용기가 온다. 책을 읽으면 불확실한 세상에 희망을 가지고 10미터를 더 뛸 용기를 얻을 수 있다. 나보다 어려운 여건에 있던 사람들이 역경을 헤치고 우뚝 서는 것을 보면, 나도 희망이 불끈 솟곤 한다. 책을 읽으면 세파에 시달려 흔들리는 마음을 안정시켜 주곤 한다. 지하철역 벽에 있는 시 한수만 읽어도 마음이 차분해지지 않던가? 차분히 읽어보면 더 많은 좋은 점을 알 수 있을 것이다.

진정 독서로써 많은 정보와 지식을 얻고, 역량을 키우고 정신을 고양시킬 수 있다. 그러니 남자라면 어찌 책을 읽지 않을 수 있겠는가.

하루 세끼를 먹듯 책을 읽는다.
책을 읽지 않는다면
정신적 배고픔에 허둥거릴 테니까[9]

어느 시인의 글이다. 시인의 배부른 소리로 들릴지 모른다. 그의 글은 이어진다. 그이도 거기서 지혜를 구하고 밥을 구했단다. 어려울수록 책을 읽어야 할 것이다.

책은… 내가 원하는 것을
넘치게 전부 주었다.
책을 읽는 일에서
지혜를 구하고
밥을 구했다.

---

9 장석주 시인, 『날마다 책을 읽으라』, 농민신문, 2012.9.10. N1면

06 ▸▸▹

더 가까이 하고 좋아해야 할 것들

앞에서 건강하자고 했고, 책을 더 읽자고 했다. 이외에도 더 가까이 하거나 중요시해야 할 일들 또한 많다. 이미 누차 들었던 얘기들도 많을 것이다. 그러나 100세 장수시대를 맞이하여 이를 또 한 번 생각해 보고 재정립할 필요가 있다.

운동을 선택이 아닌 필수로 생활화하자. 과거에는 운동의 중요성을 몰랐거나 간과했었다. 근래에 운동의 중요성이 알려지고 강조되고 있다. 운동은 단순히 체력단련 정도로 생각했던 것이, 정신건강에도 매우 큰 영향을 미친다고 과학자나 관련자들이 증명해 내고 중요성을 강조한다. 실로 운동은 생활에서 필수로 생각하고 실천해야 한다.

운동의 첫째 필요성은 몸과 마음의 건강 유지 및 증진이다. 반면 '운동 없이는 심신의 건강이 없다.' 해도 과언이 아닐 것이다. 그 다음 운동의 필요성은 취미에서부터 직업 항목으로까지 무수히 많다. 운동의 종류 또한 안방의 체조로부터 에베레스트 산 등정까지 헤아릴 수가 없다. 그러나 운동의 선택으로 너무 고심할 필요는 없다. 본인의 여건과 적성에 맞게 하면 된다. 그러나 반드시 선택이 아닌 필수항목으로 해야 한다. 일상에서 실천할 수 있는 운동을 하루 중 밥 먹는 시간 이상의 시간을 할애해서 매일 실천해야 건강을 유지하고 원활한 생활을 할 수 있다.

운동이라 하면 우리는 흔히 올림픽 금메달리스트들을 생각하고, 공 하나로 세계를 놀라게 하는 초일류 선수들을 연상한다. 나는 누구보다도 운동을 좋아하고 많이 하지만, 그러한 엘리트 체육에는 큰 관심이 없다. 어느 세월에 내 운동 다하고, 또 그 많은 경기를 다 쳐다본단 말인가? 나는 1주일 중 3~4일은 4~5Km 달리기나, 집 주변 산의 산책 또는 주말 동네 테니스 등 하루에 한 가지 정도의 운동을 하며 심신을 단련한다. 나의 청년시절에도 4~5km를 달린다는 것은 매우 힘든 일이었으나, 운동 삼아 반복하다보니 이제 그 정도는 일상적인 일이 되었다. 그래서 다소 튼튼한 체력과 건강을 유지하고 있는 것이다.

농장에서 일하는 농민들, 현장에서 노동일을 하는 근로자들, 그 이들은 '우리가 평소에 이렇게 과하게 몸을 움직이는데 더 이상 운동을 할 필요가 있느냐' 고 생각하기 쉽다. 아니다. 노동과 운동은 구분해서 생각해야 한다. 같은 자세나 동작을 계속한다면 노동에 가깝고, 이와 다른 자세나 동작으로 이를 보완하거나 교정한다면 운동이라고 볼 수 있다. 예를 들어 밭을 매는 농부가 종일 허리를 구부리고 일하는 것은 노동이다. 그런데 중간 중간 일어나 허리를 뒤로 저치고 양팔을 흔들어 댄다면 훌륭한 운동이 될 것이다. 이러한 조그만 관심과 노력은, 나중 농촌에서 허리 굽은 노인을 줄어들게 할 것이다. 근로현장에서도 근로자들에게 하루에 두어 번 체조하는 시간을 주는 상사가 있다면, 그는 존경받는 상사가 될 것이고 그 현장의 생산성도 높아질 것이다.

늦공부 바람이 난 내 아내는 PC앞에 앉으면 두세 시간을 그대로 앉아 몰두하곤 하는데, 나는 공부하는 중간에 일어나 스트레칭이나 가벼운 체조를 하라고 신신당부한다. 허나, 그러한 나는 아내로부터 존경받는 가장은 못된다. 왜냐면 지금쯤은 공부가 아닌 호강을 시켰어야 했다.

나는 지방에 계시는 장모님께 전화할 때마다 틈나는 대로 운동하시라고 권한다. 장모님은 노인정에서 화투 좀 덜하고 주변 공원 산책을 자주 하신단다. 그이는 주위 분들보다 비교적 건강한 편이다. 처가의 다른 형제들은 용돈도 잘 드리고 극진히 효도하는데, 나는 전화로만 효도하니 다소 염치가 없기도 하지만, 말로라도 건강을 챙겨 드리며 효도한다고 자위한다.

운동, 누구나 조금만 더 관심을 갖고 노력을 한다면 그 중요하다는 운동도 어렵지 않게 할 수 있다. 그리고 운동은 선택이 아니고 필수라는 것을 명심하자.

취미로 생활에 활력를 더해 보자. 취미생활은 인생의 윤활유이자 가장 좋은 벗이기도 하다. 취미 또한 지난 시대에는 잡기나 단순한 오락으로 여겨 경시하거나 천시하는 경향이 있었다. 근래에 와서 취미는 건전한 여가 활용이나 건강증진 나아가서는 재산증식 수단으로까지 발전하고 있다.

심심풀이의 고스톱으로 여가를 즐겁게 보낼 수 있고, 악기를 연주하며 낭만에 젖을 수도 있고, 공연을 보며 스트레스를 날려 보낼 수도 있다. 적당한 운동으로 건강도 증진하고 즐거움을 만끽하기도 한다. 틈나는 대로 카메라를 메고 전국을 유람하며 멋있는 작품을 만들기도 한다. 그림 그리기로 창작을 하고, 그림 모으기를 취미 겸하며 재산 증식의 재미를 얻기도 한다.

대개 사람들은 어려서는 시간을 저절로 보낸다. 학생이 되고부터는 공부에 몰두해야 하고 시험에 쫓기게 된다. 성인이 되면 직장이나 사업에 매달리고 처자식 부양하느라 정신이 없다. 그러다가 때가 이르면 은퇴를 하게 된다. 사업을 접거나 직장에서 퇴직을 하게 되는 것이다.

은퇴를 하게 되면 많은 사람들이 시간이 남아 공황 장애를 겪는다고 한다. 출근 시간이 되면 안절부절 못하며 넥타이를 매고 무작정 집을 나서는 사람, 골프채를 매고 아파트를 빙빙 도는 사람이 있다고 한다. 심지어는 작은방에 책상을 놔두고 정장을 하고 출근하는 사람도 있다고 들었다.

허긴 수십 년을 시계처럼 월요일에 시작해서 열심히 근무하고, 주말이면 휴식이 아닌 예식장이나 행사에 다니느라 정신없이 살아오다가 은퇴를 하자 그 많은 시간이 쓰나미처럼 몰려오니 당황할 수밖에 없는 것이다.

평소 바쁜 와중에도 취미를 가져보자. 바쁜 세상에 무슨 한가한 소리냐 할 수 있지만 시간을 만들어야 한다. 한 가지보다는 두어 가지를 가지면 생활에 적이 응용할 수 있다. 너무 많이 가지면 무리가 되는 수도 있으니 과욕은 삼갈 일이다.

주로 에너지를 소모하고 체력을 단련하는 동적인 운동 같은 취미와, 정신을 고양시키고 마음을 달래주는 정적인 취미를 겸하면 좋겠다.

은퇴 후 첫 월요일 날, 인근 도서관으로 출근하여 책을 읽으며 제2인생을 설계해본다면 얼마나 멋있는 일인가? 조금 일찍 퇴근하여 인근 공원이나 뒷산을 산책한다면 다소 피곤함과 함께 안정이 찾아 올 것이다. 그리고 도서관으로 계속 출근한다면 머지않아 좋은 일이 따라올 것이다.

내가 아는 한 지인의 취미 이야기를 할까 한다. 그이는 꽤 큰 직장에서 최고위직까지 이르고 퇴직했다. 30여 년을 직장에서 소임을 다하며 바쁘게 살아왔다. 어느 날 퇴직을 하니 막막하더라는 것이다. 남들이 선망하는 최고위직을 잘 마쳤는데도 공황이 몰려오고, 그러면서 몸을 가누기 힘들 정도로 몸이 아팠다. 무엇을 해야 하나 곰곰이 생각해 보니, 학창시절에 그림을 그리고 싶었는데 공부에 밀려 접었던 기억이 떠올랐다. 가슴 속에서 그림을 그리고 싶은 욕망이 용솟음쳤다. 서점에 가 그림관련 기본도서 한 권을 사서, 열 번 이상을 읽고 또 읽었다. 그리고 문화센터에 등록해 열심히 배웠다. 연필화, 목탄화, 아크릴화 등에 푹 빠져 버렸다. 가누기 힘들 정도의 몸이 본인도 모르게 나아버렸다. 그이가 이 취미를 찾지 못했더라면 지금쯤 병원에서 의사의 지시와 간호사의 눈치를 받고 있을지도 모를 일이다.

그러던 어느 날 퇴직 동인모임으로부터 연락이 왔다. '이번 퇴직 동인전이 있으니 참가하라' 는 것이었다. "아직은 출품할 실력이 아니다."며 사양했으나 간곡한 요청에 출품하였다. 생각보다 훨씬 즐거운 행사였다. 어떻게 알았는지 이번에는 대학동창모임에서 연락이 왔다. 동창회 전람회에 참가하라는 것이다.

그이는 지금이 인생에서 가장 행복한 시기라고 연신 싱글벙글해 한다. 여태 책임과 의무를 걸머진 중압감에서 살아왔다면, 이제 그 멍에를 내려놓은 행복한 자유 세상에 온 것이리라.

취미 중에는 재미있는 놀이가 있다. 화투다. 간혹 도박 행위로 물의를 일으키고, 여기에 너무 빠지면 허송세월을 보내기 쉬운 요물이다. 허나 적당히만 하면 좋은 오락이 될 것이다. 모임에서 가벼운 시간 보내기며 상가에서 날 새기로 조문할 때면 매우 유용한 듯하다. 많은 노인정에서 화투는 중요한 역할을 한다. 종일 TV만 본다면 다소 무료하고 수동적인 일이지만 화투놀이는 재미있고 흥행이 있어 참여도가 높다. 과학적인 근거는 접하지 못했지만 치매예방에 기여한다고 하는데, 충분히 그럴 가능성이 있다고 믿는다. 나의 장모님의 화투실력은 노인정에서는 2등급에 속하지만 간혹 집에 모인 자녀들 사이에서는 가장 탁월하다고 전해진다.

그런데 이 화투놀이에 몇 가지 폐단이 있다. 한 번 시작하면 시간 가는 줄 몰라 허리에 골병이 드는 것이다. 또 하나는 재미로 시작했다가 열이 나면 판이 커져 도박으로 변질되는 것이다.

그래서 전국의 화투 동호인 회장들에게 두어 가지를 부탁해 본다. 첫째 한 시간 마다 10분 휴식하면서 허리를 펴고 스트레칭 등 운동을 하시라. 둘째 끝내야 할 시간을 정하시라. 셋째 오가는 금전의 상한선을 정하시라. 이러한 규칙을 미리 정하고 시작한다면 화투놀이도 보다 건전하고 유용하게 즐길 수 있을 것이다.

더 가까이 하고 더 친해져서 좋은 일들이 많다. 훌륭한 스승이나 선배를 뒤따라 배우고, 좋은 벗을 많이 사귀어 우정을 나누는 것도 중요하다. 또 자신이 좋아하고 실천 할 수 있는 일을 찾아보자. 기왕이면 삶에 더 보탬이 될 일을 찾아보자. 이로써 더 즐겁고 풍요로운 생활을 영위해 보자.

07 ▸▸▹

버리거나 더 조심해야 할 것들

세월이 갈수록 추해지는 나무가 있고, 연륜이 쌓일수록 고고한 나무가 있듯이 인간 세상도 유사한 듯하다. 세상에는 모습이 우아하고 성품이 고고한 성인군자로부터, 인상이 무섭고 행동이 포악한 패륜아까지 있다. 그것은 지난 세월을 어떻게 보냈고 그 결과 무엇을 담고 있느냐에 달려있을 것이다. 그래서 젊어서부터 나쁜 것은 버리고 절제하며, 좋은 것은 가까이하고 담아야 한다. 지금 자신을 돌아보면 버리거나 조심해야할 것들이 참 많다. 그 중 주변에서 흔히 보이는 몇 가지만 얘기를 나눠보자.

먼저 담배를 보자. 격세지감이라지만 지난날 담배처럼 귀중하게 대접 받다가, 근래에 와서 이렇게 천하게 취급 받는 것은 드물 것이다. 삼십여 년 전만 해도 담배는 꽤나 귀중한 물건이었다. 귀한 어른에게 인사할 때에 선물 목록 최고 위치에 있었다. 상대방과 얘기할 때 담배를 한 대 권하는 게 기본 예의였고, 이를 생략하고 자기만 담배를 피우면 큰 결례였다. 이 고급의 물건은 연장자나 윗분 앞에서 함부로 즐겨서도 안 되었다.

흡연은 그 자체가 멋이었고, 그 담배 연기 속에 인생의 애환이 함께 했다. 그런데 현대의학이 발달하면서 흡연이 건강의 적으로 혐의를 받더니, 이제 주적이 되어 타도 대상 1호가 된 것이다. 간접흡연 · 3차흡연도 매우 해롭다는 것이 알려지면서 이제는 공공의 적이 되어 설 자리가 없게 되었다.

담배, '배울 때도 힘들더니, 끊으려니 고래심줄보다 질긴 담배'라고 하며, 학생시절 아예 배우지 않는 게 상책이라고 나는 강조한다. 그런데 이미 배워 골초가 된 걸 어떡하나? 어떻게든 끊어야 한다. 당장 끊을 수 있으면 좋겠지만, 고래심줄 같은 담배 끊기는 실로 어렵다. 그래도 연말까지 줄이고, 줄이다가 신년에는 딱 끊어라.

그런데 이렇게 대답하는 사람이 많다. "대충 살다가 죽지."라고. 하지만 이렇게 의지가 약한 사람일수록 폐가망신(폐를 손상)하여 끈질기게 골골하다가 자식들의 눈총을 받으며 갈 확률이 높다. 어느 한 지인은 그 유명한 임어당의 수필을 읽고 낭만적으로 담배를 배웠다가, 생고생을 하며 담배를 끊었다고 한다. 골초였던 내 고등학교 한 친구는 내 글을 읽고 담배를 끊었다고 하니 나도 친구에게 매우 좋은 일을 한 셈이다.

건강을 위하여 헬스장에 나와 수고스럽게 운동을 하고, 담배도 지성스럽게 모시고 다니는 사람들이 있는데 제 몸에 약 주고 병

주는 격이리라. 그 추운 겨울 언 손 호호 불어가며 테니스 치며 건강을 다지는 사람들이 있다. 그리고 쉬는 참에 또 한 대 문다. 그 추위를 견뎌가며 건강 다지는 강인함에 존경을 보내다가, 그 한 대 참지 못하는 그 나약함에 조소를 보낸다. 차라리 담배를 끊고 따뜻한 아랫목에 누워 겨울을 보내는 것이 신상에 이롭지 않을지, 주치의와 한 번 상담해 보시라.

담배를 피우는 사람들, 담배값 인상에는 오기가 생겨 오기로 밀고 나간다. 아내의 잔소리 정도는 이길 수 있다. 자식의 하소연에도 버텨낸다. 아아~ 그러나 손주의 왕따에는 당할 재간이 없어 그때야 금연을 한다. 그러나 늦은 것이다. 너무 늦은 것이다. 몸은 이미 니코틴과 타르 등에 절여져 폐가망신(폐가 크게 손상)위기에 있고, 손주의 왕따는 면하기 어렵다. 세상에 왕따 당하는 것처럼 무서운 게 없다. 더구나 손주의 왕따는 신으로부터 버림받은 것이나 다름없다. 자진해서 끊어야 한다. 폐가망신하기 전에, 손주로부터 왕따를 당하기 전에…….

한 해 빨리 끊을수록 끊기도 더 쉽고, 폐도 덜 망가진다.

좀 더 빨리 담배를 끊어 아내 멸시에서 벗어나고, 손주의 사랑도 얻어내시라.

술꾼들은 술을 메고는 갈 수 없어도 담고는 간다고 한다. 이렇게 술은 술꾼들에게 술술 넘어간다. 허나 절제할 때가 온 것이다. 술은 담배와 함께 사연도 많고 악명도 높다. 술을 즐기는 남자들, 남에게 차마 말 못할 부끄러운 얘기들을 몇 개쯤은 가지고 있을 것이다. 그래도 그 정도면 조금 괜찮다. 이제는 취하면 만날 인사불성이고 안하무인인 사람들이 더러 있다.

세상 남자들은 술 취하면 큰 소리 치지만 술이 깨면 아내에게 잡혀서 산다. 바로 그 술 때문인 경우가 많다. 다음날 아내의 눈치를 보며 출근하는 남편의 뒤통수에 아내는 이제 술 좀 끊으라고 윽박지른다. 그러면 의례히 "누가 술을 먹고 싶어서 먹나? 술을 끊으면 영업은 어떻게 하고, 승진은 누가 시켜주냐?"라는 재탕 삼탕 우려먹는 대응에 아내의 한숨은 늘어난다.

술을 딱 끊으라고 강요할 수 없는 이유는 순 기능이 다소 있기 때문이다. 술을 조금 마시면 기분이 좋아지고 세상이 낙천적으로 변한다. 그래서 원수처럼 지내다가도 술을 한 잔 나누면 형제처럼 다정하게 변하기도 한다. 술을 조금하면 얼굴이 다소 두꺼워져 쉽게 대화할 수 있다. 또한 받아들이는 입장에서도 경계심을 늦추고 상대방을 대하곤 하기 때문에 원활한 대화를 할 수 있다. 이 때문에 술은 사업상 중요한 가교 역할을 하는 것이다.

허나 과하면 역기능이 너무 크다. 한두 잔 하면 세상이 낙천적으로 보이나 두 세병 하게 되면 세상에 무서운 게 없다. 안하무인이 되어 실수를 하게 된다. 한두 잔 하면 다소 긴장을 완화시키는 술이 반복하여 두세 병씩 마시면 간이 붓는다.

한두 잔의 술은 한두 시간 뒤의 즐거움을 앞당겨 쓰고, 두세 병의 술은 하루의 즐거움을 앞당겨 쓰니 즐겁다. 이것이 누적되면 인생을 앞당기고 인생의 말년이 힘들게 된다.

술을 거나하게 마시고 지하철을 타다 깜빡 잠들면 금방 종착역에 다다른다. 술을 반복하여 과하게 마시면 인생의 종착역에 쉽게 다다를 수도 있는 것이다.

나도 술을 즐기는 편이지만, 술 먹는 것이 고역일 때도 더러 있다. 그래서 어느 정도 먹다가 힘에 부치면 슬그머니 도망가기도 한다. 서넛이 먹다가 도망칠 때는 그때까지 먹은 술값을 계산하고 나가기도 했는데, 그 금액이 예상을 넘어 놀란 적도 있다.

요즈음 술에 대한 119 수칙이라는 게 있다. 술자리는 1차만 하고 소주 1병만 마시며 밤 9시 안에 끝내자는 것이다. 술꾼들에게는 다소 아쉬울 듯 하지만 썩 괜찮은 수칙이다.

나는 직장시절 후배나 부하들과 술자리 할 때는 나름대로 수칙이 있었다. 그 중 두어 가지는, '양주를 주문하지 마라. 여자를 부르지 마라. 밤 12시 안에 집에 도착할 수 있도록 시간을 지켜라.' 등이다.

술자리에 가면 꼭 양주와 여자를 밝히는 부류들이 있다. 그런데 대개 그런 사람들이 그 술값을 계산할 때 쌈질하고 다음날 술값 분배할 때 후회한다. 가짜 양주 먹고 인사불성이 되고도 "역시 양주는 뒤끝이 깨끗해" 하는 인간들도 많을 것이다.

2차를 넘어 3차까지 이어가는 부류들은 자정을 곧잘 넘겨 아내의 적이 되고 공공의 적이 되어 파출소 신세를 지기도 한다.

내가 나름대로 수칙을 지키는 것은 군자이기 때문이 아니고, 술 마신 다음날이면 머리가 멍한 게 다반사인데 거기에 술값 등으로 후회까지 해서는 안 되기 때문인 것이다. 이는 직접경험이 반이고 간접경험이 절반이다. 내가 쓴 글이기 때문에 나 잘한 척한 말만 하지만, 남이 옆에서 본 나의 술에 얽힌 뒷얘기는 가소로운 일이 많을 것이다.

醉, 취할 취자다. 술(酉)에 죽음(卒)이 함께 있으니 술 취하면 죽은 거나 다름없다는 뜻이리라. 醒, 술깰 성자다. 술이 취하면 다음 날 해가 떠야 살아난다는 뜻인 듯하다.

아무튼 한두 잔의 술은 생활의 윤활유 역할을 하나, 과하면 다음날까지 힘들고, 누적되면 인생을 해치게 된다. 절제하면 약이고 방심하면 큰 독이 된다.

또 버리거나 절제해야 할 것이 많다. 오기, 탐욕, 조급함 등 조금만 생각하면 참 많다. 또 뭐가 있을까? 스스로가 찾아서 정리해 보자.

되는대로 살다 쭉정이로 가는 것도, 탐욕으로 가득해 '노랭이'로 사는 것도 인생이지만, 버릴 것 버리고 적당히 절제하며 기품 있는 노송처럼 연륜을 쌓아가는 것도 인생길이리.

08 ▸▸▹

어떻게든 넘어야 한다. 아직은 할 일이 너무 많다

> 태어나 듣지도 보지도 못한 158억
> 죽어라고 밀어내는 한진악질자본
> 박근혜가 대통령되고 5년을 또…….
> 못하겠다.[1]

엄습하는 중압감, 앞이 보이지 않는 절망감 때문에 그 아빠는 버틸 수가 없었을 것이다. 그는 홀연히 떠나 버렸다. 그는 먼저 떠나는 것이 '나쁜 생각' 인줄 잘 알지만 '힘들다' 고 했다. '슬픔 아픔 없이 가렵니다.' 했지만 그보다 더 슬플 수 없었고, 그보다 더 아플 수 없었을 것이다. '죽어서 행복하게 가렵니다' 라며 떠났지

1 한진중공업노동자였던 고 박창서씨의 2012년 12월 언론에 보도된 유언

만 누가 그 말을 믿겠는가?

그는 158억에 대한 의무, 동지들에 대한 미안함, 처자식에 대한 책임감 등 그 많은 멍에를 다 벗어버렸다. 그러나 이제 남은 자들이 그 멍에를 짊어질 것이다. 158억을 짐 지운 자와 짐 진 자가, 남아서 미안한 동지들이, 그리고 사랑하는 처자식들이.

사랑하는 처자식들에게 남긴 그 멍에는, 태어나 듣지도 보지도 못한 158억의 멍에보다 더 너무나 무거울 것을…….

나도 짐작은 한다. 그이의 죽음이 결코 값싼 죽음이 아니라는 것을…….

내 죽음을 헛되이 하지 말라.[2]

아름다운 청년 전태일은 산화하면서 절규했다. 그는 세상의 약자들을 위하여 작은 예수와 같은 삶을 살았다. 자기보다 약한 수많은 사람들을 위하여 제 자신을 제물로 택했다.

그의 죽음은 결코 헛되지 않았다. 조영래 김근태 같은 피 끓는 엘리트 학생들이 달려왔고, 많은 국민의 관심과 성원이 이어졌다.

그의 죽음은 그의 어머니와 가족들에게는 표현할 수 없는 멍에를 지웠다. 그러나 그로 인하며 세상에 태어난 후 그대로 잠자고 있던 근로기준법을 깨워냈고, 노예와 같이 살아야 했던 노동자들에게 서광을 비췄다. 정녕 그의 죽음은 위대했다.

2 조영래, 『전태일 평전』, 돌베개, 2003, 295쪽

삶과 죽음은 그야말로 간발 차이이기도 했다. 낮에까지 쾌활하고 팔팔하던 머슴 형이, 논에 농약하고 돌아와서 초저녁 사랑방에 누웠다. 의식은 전혀 없고 가래 끓는 소리만 애를 태웠다. 등잔불 사랑방에 가족들이 모였고 얼마 후에는 마을 사람들로 가득 찼다. 지켜보고 애 태우는 이는 많았지만 속수무책이었다. 마을에 전화도 없고 차량도 한 대 없던 시절이었다. 기껏해야 저 마을 신작로 가에 있는 약방의 약사를 모셔오는 일이 전부였다.

약사가 사랑방에 들어서자 구세주가 온 느낌이었다. 잠시 후 약사는 환자에게 큰 주사를 놓았다. 약사의 주사를 맞고 머슴 형은 긴 숨을 몇 차례 몰아쉬었다. 기적이 일어난 줄 알았다. 그러나 그는 그 길로 가버렸다. 허망하게 가버렸다. 가족들이 울부짖으며 몸을 흔들고 뺨을 때려 봐도 그는 이미 이 세상에서 멀리 벗어나 있었다. 나는 너무 어린 나이에 죽음을 두 눈으로 보았다. 아아~ 인생이 저리 쉽게도 가나? 나는 일찍부터 죽음의 공포, 인생의 허무함에 시달려야 했다.

그의 죽음은 잘 나가던 우리 집에서 내리막길의 서곡이었다. 나의 아버지는 남의 자식이 자기 집에서 죽은 것을 괴로워했다. 그 머슴이 기거하던 사랑방에서 주무시다가 며칠 후 악몽에 고함을 지르더니 긴 투병 생활로 들어섰다.

마을의 어려운 일에 앞장서고 문중에서도 신망이 높았던 아버지는 점점 촉기가 떨어졌고 거칠어졌다. 크고 작은 병을 앓더니 아주 누워 버렸다. 해마다 논이 줄어들고 소가 팔려 나간 뒤 외양간이 비워졌다. 심심하면 우환이 우리 집을 지나가곤 했다. 마을의 가장 큰 집에서 살던 우리가 작은 집으로 이사를 가야 했다.

시골에서는 다소 귀부인이던 어머니가 억척 아줌마가 되었고, 괜찮은 집 막내였던 나는 풀이 죽어버렸다. 나는 어머니의 노고와 형들 · 숙부의 도움으로 겨우 학교를 나왔지만 직장에 들어가기 전까지 맘에 맞는 옷 한 벌, 쓰고 싶은 돈 한 번 못 써 봤다. 더 무서운 건 항시 따라 다니는 그놈의 허무함이었다. 내 바로 위의 형은 회갑이 넘는 나이에도 호젓한 곳에서는 무서움에 밤에 혼자 잠 못 드니, 아마 그때 묻어온 후유증일 것이다. 되새기고 싶지 않은 얘기를 다시 끄집어내다보니 내 눈시울이 자꾸 뜨거워진다.

가고 싶어서 가고, 좋아서 가는 것은 아니었지만 가버린 그는 무심했다. 너무도 무심했다. 저쪽 일은 알 수 없는 일이지만 남은 사람들에게는 한없이 모질었던 세월, 그 간발의 차이가 단초였다. 가족에 대한 책임이 없는 머슴 한 사람이 가도, 이렇게 무겁고 긴 그림자를 남기는데, 한창 가족을 보호하고 부양해야하는 젊은 가장들의 상실을 무엇에다 비교할 수 있겠는가?

이 땅 민초들의 이어진 삶은 그대로 수난의 역사였다. 먼 지난날 고려시대에는 몽고족이 휩쓸고 갔고, 조선시대 임진왜란 때는 왜군이 짓밟고 갔다. 일제탄압 35년이 이어졌고 동족상잔 한국전쟁도 겪었다. 하나 하나, 그리고 시간 시간이 다 가혹한 세월이었을 것이다. 죽고 끌려가고 그 속에서도 대를 이어 내려왔다. 그래서 오늘의 대한민국이 있고 내 가족이 있다.

웬 '호랭이 담배 묵던' 옛 얘기냐고도 할 수 있다. 아니다. 이 시대 얘기도 있다. 아니, 참으로 많다.

전무는 고문기술자의 작업을 지켜보고 서 있고 부하들은 전기 고문으로 내 몸이 바짝 마르면 물을 뿌리고 소금 가루를 발라서 전기가 잘 통하도록 도왔다. 핏줄과 신경을 뒤틀고, 팽팽하게 잡아당겨서 마침내 마디마디 끊어버리는 것 같았다. 머리가 빠개질 것 같은 통증이 몰려오고, 죽음의 그림자가 독수리처럼 날아와 온몸을 파고드는 것처럼 아른거렸다.

전기가 핏줄과 신경을 타고 발끝에서 정수리가지 섬광처럼 지나갈 때마다 나는 짐승의 신음을 토해냈다. …(중략)… 소리를 지르면 지른다고 전압을 강하게 올리고, 비명을 참으려고 혀를 이빨로 깨물면 혀를 빼라며 전압을 올리고, 끙끙대면서 참으면 반항한다고 강한 전류를 흘려보냈다.[3]

대한민국 민주화의 큰 별 김근태. 그에게 이런 고문은 하루 이틀이 아니고 날마다 이어졌다. 이 생지옥을 살아가는 것은 그 자신에게 끝없는 모욕이고 저주였다. 때론 절망하고 죽음의 유혹이 몰려들곤 했다. 그러나 그는 아직 할 일이 남아 있었다. 그래서 죽을 수가 없었다. 그는 초인적인 인내와 정신으로 순간순간과 하루하루를 넘겨야 했다.

그는 이승과 저승을 오락가락하면서도 고문기술자 악마에게 당한 일을 빠짐없이 기억했다. 그러나 결국에는 고문기술자들에게 북한에 다녀왔다고 허위 자백했고, 2번 다녀온 걸로 합의했다. 마침내 노동당 당원번호도 만들어 줬다. 그 속에서도 기지를 발휘했

3 방현석, 『그들이 내 이름을 부를 때』, 이야기공작소, 2012, 343쪽

다.

"4250905891"

북한 노동당으로부터 받았다는 이 번호는, 1985년 09월 05일 24시 그가 고문당하며 진술한 날짜와 시간이었다. 이 부질없는 당원번호를 불러주니 수십일 간의 고문이 일단 멎었다. 이제 고문으로 만들어진 죄에 큰 벌을 받을 일만 남은 것이다.

그러나 그는 이 생지옥에서 악마들에게 당한 사실을 면회 온 아내에게 암호처럼 전하고, 그 아내는 이 사실을 의인들에게 알렸다. 이 의인들은 이를 온 세상에 알렸다. 온 국민이 경악했다. 세상 사람들은 전부터 알고는 있었다. 허나 감쪽같은 고문과 내미는 오리발에 속수무책이었다. 그렇게 당하고도 벙어리로 살아야 했다.

그런 고문 세상을 김근태가 뒤집은 것이다. '4250905891' 이 노동당 당원번호 하나로도, 저들의 행위는 무식하게 악랄하다는 것을 알 수 있는 일이었다. 만일 김근태 그이가 그때 뒤집지 못했더라면 그는 평생 빨갱이나 종북주의자로 낙인 찍혀 살았을 것이다. 그리고 대한민국의 고문은 계속 되었을 것이다. 그는 악마의 갖은 고문과 회유, 엄습하는 죽음의 유혹을 물리치고 대한민국 민주사에 큰 획을 그은 것이다.

허구한 날 긴긴밤을 지세며 전기고문이나 물고문으로 빨갱이나 종북주의자를 양산했던 그 애국자들, 지금은 어느 하늘 아래서 어떻게 나라 걱정하고 있을까? 저들이여 이제 그런 식의 나라 걱정은 접으시라. 그리고 회개하라.

김근태. 그이는 이 시대의 진정한 선비였다. 국가의 한 수장이 되어서도, 국민의 대표 정치인이 되어서도 계급에 연연하지 않고, 권력의 단맛에 물들지 않으려고 했다. 그리고 바른 길을 가려고 했다. 소위 '노블레스 오블리제'의 표본이 될 만했다.

그는 큰일들을 해냈지만 아직도 할 일이 많았었다. 그러나 그이는 먼저 갔다. 그때 악랄하고도 길었던 고문의 후유증을 못 이기고 먼저 간 것이다.

우리나라의 국가경쟁력을 보면 민간 부문은 거의 선두를 가는데 '정치인에 대한 공공 신뢰' '정책결정의 투명성' 등 정치 · 정책 분야는 낙제 수준으로 상위권에 올라서지 못하고 있다. 아~, 이 시대 그러한 김근태가 열 명만 있어도 대한민국은 진정한 선진국이 되었을 것을……. 학창시절에 피끓던 그 많은 김근태들은 다 어디로 갔을까?

가라사대 내가 십 인을 인하여도 멸하지 아니하리라.[4]

의인이 열 명만 있었더라면 소돔성은 망하지 않았을 것을……. 장로 대통령이 재임기간에 자기 나라가 선진국이 되었다고 아무리 떠든다고 선진국이 되는가? 그 밑에 관리들이 맞장구 쳐대면 되는 것인가? 그렇다면 온 세계 관리들이 굽실거릴 것이다. 그렇게 해서 선진국이 된다면 선진국 아닐 나라가 없을 것이다.

그 나라 국민들은 선진국이 아니라고 하는데…….

벼랑에 몰린 국민들은 죽어 나가는데…….

---

4 성경, 창세기 18: 32-33

올겨울은 삼한사온의 미덕도 종적을 감췄으니 한 번 쌓인 눈은 쉽게 사라질 요량이 아니다. 마음이 시리니 계절까지 시리다. 늦은 밤 주막을 찾아 찌그러진 주전자를 두드려댄들 멀리 있는 봄 햇살이 냅다 달려오랴? 춘풍이 칼바람을 내몬다는 진리를 잠시 잊었다. 결국 그 절망도 희망도 나와 너를 가르는 대신 엉켜 살아가는 우리 속에서 융해될 것이다. 이 얼음장 아래서도 다시 봄은 오리니, 그래도 살아남아야 그 햇살을 볼 것이다.[5]

어떻게든 넘어야 한다. 죽음으로 질 십자가는 작은 예수이자 아름다운 청년 전태일이 메고 갔다. 그 뒤에도 많은 행렬이 이어졌다.

미안하지만 이제 남은 당신들은, 아니 우리들은 아직은 할 일이 너무 많다. 우선 아이들 학교 졸업도 시켜야 하고, 다음에 시집보내고 장가보내야 한다. 더 나아가 좋은 세상 만드는데 나도 보탬이 되고, 당신들도 만들어 가야 한다. 그래야 고문 없는 세상이 오고, 두루두루 잘 사는 세상이 올 것이다. 새 대통령도 100% 행복한 대한민국을 재삼 다짐하지 않는가?

---

5 이이화, 『그래도 살아남자』 한겨레, 2013.1.17. 29면.

제4장

이젠 아빠를 부탁해

가장 낮은 곳에 눈높이를 맞춘 가장 높은 지도자 '세종대왕'

"한 많은 시대를 지나 할아버지가 되어버린 아부지들
은퇴기에 있지만 또 기나긴 길을 가야하는 힘없는 아버지들
한창 가정을 꾸려가야 하는 판에 희망을 잃어가는 아빠들…….

이제, 아빠를 부탁한다.
자녀와 아내들에게
사회와 국가에게
그리고 지도자들에게
이 모든 아빠들을 부탁한다."

01 ▸▸▹
어린 딸의 소금만 넣은 한 그릇 콩나물국에도 아빠의 인생이

(딸이 8살쯤인가, 술에 절어 자고 있는 아빠를 깨운다.)

"아빠, 아빠 일어나서 식사 하세요."

"너나 먹어, 아빠 밥 생각 없다."

"콩나물국 끓여 놨어요. 아빠 드시라고요."

마지못해 일어나 보니 소금만 넣은 콩나물국과 밥 2공기, 김치가 상에 놓여있다.

"이거 어디서 났어."

"콩나물국이 술 많이 먹는 사람한테 좋데요. 텔레비전에서 봤어요."

(그의 정신이 번쩍 든다. 딸을 끌어 안고 얼마나 운지 모른다.)[1]

---

1 mbc라디오, 여성시대 양희은 강석우입니다의 2012.7.12.방송분 일부 요약.

5살 난 딸아이를 남겨두고 그의 아내는 갑작스런 심장마비로 세상을 떠났다. 그는 남겨진 딸아이와 힘들게 세상을 살았다. 어린 딸이 엄마 보고 싶다고 울 때마다 딸을 껴안고 피눈물을 흘려야 했다. 그래도 다행히 딸아이는 건강하고 밝게 자랐다. 그는 젊은 나이에 아내를 잃은 슬픔과 이러지도 저러지도 못하고 남겨진 어린 딸아이를 데리고 눈물과 절망의 나날을 술로 달래며 살아간 것이다.

그날도 여느 날이나 다름없이 술에 절어 일어나지 못하는 것을, 너무 일찍 철이 든 아이가 콩나물국을 끓여놓고 깨운 것이다. 소금만 넣고 끓인 콩나물국이 무슨 맛이 있었을까마는, 그 딸의 정성이 담긴 그 국은 절망에 빠진 아빠의 영혼을 일으켜 세운 것이다. 그는 그날 이후 술도 끊고 희망을 갖고 삶을 살아 나갔다.

딸을 결혼 잘 시키고 지금은 가축 농장을 가지고 열심히 살아가는 어느 아빠의 회고담이다. 전파를 타고 온 그 사연을 들으니 가슴이 찡하게 감전되고 훈훈한 감정이 몰려온다.

아들, 딸들아! 이 험진 세상을 살다가 실의에 빠진 아빠에게, 오늘 하루만이라도 불평불만을 접어두고 그의 편이 되어보라. 소금 넣은 콩나물국이라도 한 번 끓여 드리며 응원해 보라. 고단한 세상, 실의에 빠진 아빠의 인생이 크게 희망으로 변할 수도 있다.

세상에서 가장 큰 원군은 바로 자녀들이다. 세상에서 가장 큰 격려는 자녀들의 응원이다. 자, 오늘 밤도 어깨가 축 처져 귀가하는 아빠를 응원하자. 미루지 말고…….

"아빠, 오늘도 힘드시죠. 어깨 한 번 주물러 드릴게요."

"아빠, 요즘 경기가 너무나 어렵다고 하네요. 조금만 참으세요. 제가 졸업하면 돈도 벌고 잘할게요."

"새로 취임한 대통령께서도 '국민행복시대'를 굳게 약속하셨잖아요."

02 ▸▸▹

쇠몽둥이보다 더 아픈 아빠의 눈물

유상근(24 · 서울대 대학원 영문과)씨에게 위기가 찾아온 것은 중학교 1학년 무렵. 아버지가 힘들게 사업을 시작하고, 엄마는 할머니를 간병하느라 병원에서 살다시피 했다. 고3 수험생이던 누나는 밤늦게야 집에 돌아와 유씨는 혼자 집을 지키는 날이 많았다. 혼자 집에 있는 것이 싫었던 유씨는 오자마자 가방을 던져 놓고 밖으로 나갔다. 열다섯 살 상근이는 사람들이 말하는 문제아였다. 공부는 내팽개치고 친구들과 어울려 나쁜 짓만 했다.

중학교 3학년 어느 날, 담임교사가 유씨를 불렀다. 반 학생들을 아들, 딸이라고 부르는 교사였다. 유씨의 손을 잡고 보듬으며 말했다. "아들아, 지금의 자리는 네 자리가 아니란다." 다들 자기를 문제아로 취급할 때 반항심에 더욱 그에 걸맞게 행동하던 유씨.

하지만 담임교사는 그를 모범생처럼 대했다. 이윽고 '선생님의 기대를 저버릴 수 없다.' 는 생각을 했다.

같은 날 저녁, 유씨는 아버지의 눈물을 보게 됐다. 아들의 모습에 화가 난 아버지가 마시지도 못하는 술을 잔뜩 먹고 집에 왔던 것이다. 그는 아버지가 몽둥이를 들거라 생각했다. 하지만 그날 아버지는 아무 말 없이 아들 앞에서 눈물만 흘렸다.[1]

세상의 아빠들 많이 울고 산다. 사업이 풀리지 않아 울고, 직장의 부당한 처우에 울기도 한다. 느닷없는 전세값 인상에 속수무책이라 울고, 자녀의 학자금을 제때에 마련하지 못해 울기도 한다. 그러나 겉으로는 항시 웃고 산다. 항상 웃지만 웃는 것이 아니다. '남자는 눈물을 보여서는 안 된다' 는 진리 아닌 진리 때문이다.

하소연 할 데도 없어 울음이 나올 때는 자식이 어려움에 봉착할 때나, 자식의 그릇된 일로 속상할 때이다. 정작 참을 수 없을 때는 숨어서 울어야 한다. 역시 '남자는 눈물을 보여서는 안 된다' 는 진리 아닌 진리 때문이다.

이순신 장군도 울고 또 울었다. 나라와 백성에 대한 근심에 울고 정적들의 모함에 울었다. 부모에게 효도를 못해 한탄하고, 먼저간 자식의 죽음에 통곡했다. 허나 부하들 앞에서는 울 수가 없다. 천하 대장군 이순신도 부모와 가족 앞에선 그냥 연약한 한 인간이다. 복받치는 설움에 겨워 숨어서 운다. 소금 굽는 사람 집에

1 박정현 기자, 『전교 300등 상근이, 아빠의 눈물 본 후 3년…….
서울대 장학생 됐다』, 중앙일보, 2012.5.2. S2면.

들어가서 남몰래 통곡한다. '대장부는 눈물을 보여서는 안 된다'는 그 진리 아닌 진리 때문이다.

오늘은 단오절인데 천리되는 천애의 땅에 와서 종군하여 어머님 장례식도 못 모시고 우는 것도 마음대로 못하니, 무슨 죄로 이런 앙갚음을 받는 것인가. 나와 같은 사정은 고금에도 같은 것이 없을 터이니, 가슴이 찢어지는 듯 아프다. 다만 때를 못 만난 것이 한탄스러울 뿐이다. …(중략)…

아침저녁으로 그립고 원통한 마음 눈물이 엉켜 피가 되건마는, 하늘은 어찌 아득 하기만 하고 내 사정을 살펴주지 못하는가. 왜 어서 죽지 않는 것인가.[2]

하늘이 어찌 이다지도 인자하지 못하신고. 간담이 타고 찢어지는 듯하다. 내가 죽고 네가 사는 것이 이치에 마땅하거늘, 네가 죽고 내가 살았으니, 이런 어긋난 이치가 어디 있겠는가. 천지가 캄캄하고 해조차도 빛이 변했구나. 슬프다. 내 아들아! 나를 버리고 어디로 갔느냐? 영특한 기질이 남 달라서 하늘이 이 세상에 머물러 두지 않는 것이냐. 내가 지은 죄 때문에 화가 네 몸에 미친 것이냐.[3]

남자들의 잘못은 자신의 업보이기 때문이다. 이순신 장군도 이

---

2 이순신, 『교감 난중일기』, 노승석 옮김, 민음사, 2010, 362~363쪽

3 위의 책, 424~425쪽

잘못된 일들이 모두 남의 탓이 아닌 자신이 지은 죄의 업보라 생각했다. 모친 장례식을 못 모시는 것도 자기의 죄값이고, 아들이 세상을 먼저 떠나게 된 것도 자기가 지은 죄 때문이라고 한다. 그래서 누구를 탓할 수도 없고 혼자 울 수밖에 없는 것이다.

상근이 아버지도 아들의 잘못에 몽둥이를 들 수 없었을 것이다. 다 자기 탓이다. 남들처럼 뒷바라지도 못해 빗나가는 아들을 보고 뒷바라지 제대로 못한 자신이 원망스러웠을 것이다. 그래서 회안의 눈물만 흘릴 수밖에 없었고, 몽둥이는 아예 들 수도 없었을 것이다.

상근이는 그날 아빠의 눈물을 봤다. 남자의 눈물을 본 것이다. 상근이가 눈물을 흘리는 아빠를 보고 '우리 아빠는 하는 것마다 찌질해' 라고 생각했다면, 그는 그대로 문제아로 남았을 것이다. 그러나 상근이에게 그날 아빠의 눈물은 쇠몽둥이보다 더 아팠다. 상근이는 아빠라는 남자의 뼈아픈 눈물의 의미를 해독해낸 것이다. 그리고 그것을 가장 신뢰하는 자신의 이정표로 삼은 것이다.

상근이는 하루가 다르게 변화해 갔다. 전교 300등이던 그가 2년 뒤 전교 5등에 올랐다. 중학교 2학년 때까지 happy의 단어도 모르던 그가 각고의 노력 끝에 드디어 서울대 영문학과에 장학생으로 입학하는 기적을 만들어낸다.

그렇다. 아빠의 눈물을 읽는 것보다 더 감동스런 독서는 없다. 아빠의 마음을 헤아리는 것보다 더 훌륭한 교훈은 없다. 딸들이여, 아들들이여! 가정이 어렵다고 한탄만 하지 마라. 아빠가 찌질하다고 불평만 하지 마라. 항시 울면서도 울지 못하는 아빠의 눈물을 읽어보라. 감동이 몰려온다. 거기에 가장 큰 교훈이 있다.

03 ▸▸▹

힘든 아빠에게 천군만마의 대변인

우리 아빠는 25t 화물트럭 기사이다. 서류상으로는 차가 두 대나 있고, 월수익도 800만 원이 넘는 고소득자다. 그런데 '실제로' 우리 아빠는 이와 정반대 상황에 놓여 있다. 차 중에 한 대는 제구실도 못하는 덜덜거리는 중고 봉고차이고, 다른 한 대는 생업을 위해 어쩔 수 없이 1억 원이 넘는 어마어마한 빚을 지고 산 25t 트럭이다. 그러니 차를 소유하고 있다기보다는 빚을 짊어지고 있다고 표현하는 게 더 맞다.

아빠의 실소득은 100만~200만 원 정도다. 딱, 내가 서울에서 학업 접고 아르바이트를 하면 벌 수 있는 최대 월급 정도. 아빠의 실소득을 계산하려면 빼야 할 것이 너무 많아서 그렇다. 물론 제일 먼저 빼야 할 것은 바로 어마어마한 기름값이다. 사람들은 한 달 기름값이 500만 원 넘게 나온다고 하면, 그것을 뺀 나머지 200

만~300만 원이 곧바로 아빠의 실소득이 되는 줄 안다. 하지만 실상은 전혀 그렇지가 않다.

…(중략)…

이렇게 한 달 급여에서 차와 관련된 뺄셈을 마구 하고 나면 수입은 점점 줄어든다. 월수입이 100만 원 아래로까지 떨어질 수 있다는 기사 내용은 전혀 과장이 아닌 것이다. 더욱이 각종 보험료, 대출이자, 세금 등 차와 무관한 다른 종류의 뺄셈들도 달마다 무겁게 기다리고 있다. …(중략)… 지금 화물연대의 파업은 정부에 '부자가 되고 싶다' 고 떼를 쓰는 것이 아니다. '먹고사는 데에 지장이 없도록 도와 달라' 고 호소하는 것이다. 그들을 불법행위다 뭐다 하면서 두들겨 패기 이전에, 그들이 왜 이렇게까지 나설 수 밖에 없었는지, 그들이 가슴속에 품고 있는 이야기들이 무엇인지 진정성을 갖고 귀를 기울여 줬으면 좋겠다. [1]

이 댁 아빠 역시 25t 화물트럭 무게 못지않게 짊어진 멍에가 무겁다. 빚의 무게에 눌리고 학비에 시달린다. 명목상은 번듯한 부자 아빠지만 내실은 쭉정이 밖에 없다. 이제 점점 벼랑으로 몰리고 있는 것이다.

다소 일찍 철든 대학생 딸이 응원에 나섰다. 지금 여대생이라면 한창 감수성이 예민하고 멋 부리며 살고 싶은 나이이다. 가난을 원망하고 그 책임이 큰 아빠를 무시하기 쉬운 시기이다. 그런데 이 댁 딸은 아빠의 고충을 소상히도 알고 어려움을 같이 나누지 못해

---

1 강은영, 『아빠의 파업, 이유는 이렇답니다』, 한겨레, 2012.6.28. 29면

마음 아파한다. 키만 자란 게 아니라, 정신도 크게 성장했다.

이 딸은 장래에 어려운 일을 대변해 주는 공익변호사가 되는 것이 꿈이란다. 우선 딱한 처지에 있는 아빠와 비슷한 처지에 있는 화물 노동자들을 대변하고자 나선 것이다. 참 마음이 크고 멋진 딸이자 변호인이다. 천군만마의 원군이다. 이런 딸의 응원을 받는 아빠는 아무리 힘든 일이 있어도 두렵지는 않을 것이다. 세상에 이보다 더 큰 원군이 있을까? 지속적인 응원이 이어지기를 부탁한다.

이 댁이 지금은 매우 어려운 형편이다. 허나 미래는 밝다. 가정 분위기가 긍정적이며 진취적이기 때문이다. 공익변호사가 되고자 하는 이댁 딸은, 지금 다소 어려움이 있더라도 꿋꿋이 정진하여, 큰 꿈을 실현하고 이웃에 많은 도움을 주기를 기대한다.

이 땅의 딸들이여 아들들이여! 이런 응원하는 딸 · 아들이 되어 보는 것도 멋있고 자랑스러운 일이 아니겠는가? 이런 응원이 늘어나면, 이 땅은 또 희망의 열기로 가득 찰 것이다.

04 ▸▸▹

술이라도 한 잔 권하면서

_정용호

중국 유학시절 중국에서 배낭여행을 할 때, 장거리 기차를 자주 탔었다. 내가 경험해 본 가장 긴 구간은 하얼빈에서 상하이까지 29시간 30분이다. 기차를 타면, 처음에는 여행 기분도 나고 차창 밖의 풍경도 신기하지만, 2시간이 채 되지 않아 금세 지루해진다. 심심타파 목적으로, 나는 주로 술을 택했다. 혼자 캔맥주 몇 개 홀짝거리는 수준이 아닌, 즉석 술판을 벌였다.

4~6인이 하나의 칸을 사용하는 중국의 침대열차는 술친구 만들기에 최적의 장소다. 일단 지나가는 매점 카트를 잡아 맥주 10병 가량 꺼내고, 안주를 이것저것 사서 옆 사람에게 권한다.(중국은 물가가 싼 편이어서 가격 부담이 비교적 적다) 아직 중국 남자들은 술 잘 먹는 것을 자랑으로 여기는 사람들이 많아서, 외국인이 술 한 잔 하자면서 잔을 건네면 보통 흔쾌히 받아든다. 술잔을

주고받으며, 자기소개부터 고향 이야기, 여행 이야기, 술 이야기에 남자끼리 모였으니 여자 이야기 등을 하다보면 시간은 금방 지나간다. 술이 떨어지면, 그 다음엔 그 친구가 몇 병 더 산다. 이렇게 대륙의 이동식 포장마차(?)가 개시되면, 즉석에서 친구도 만들고, 중국어 연습도 되고(신기하게도 몇 시간동안 쉬지 않고 중국어가 내 입에서 방언처럼 터져 나온다), 즐겁게 시간을 보내는 1석 3조의 효과가 있다.

과하면 몸에 좋지도 않고, 독실한 기독교 신자이신 어머니도 싫어하는 주제인 술 이야기를 꺼내는 건, 이처럼 술은 사람을 약간 느슨하게 하고, 사람과 사람 사이의 벽을 허물 수 있게 하는 매력을 가지고 있다고 믿기 때문이다.

어릴 적 나와 동생은 아버지께서 퇴근하실 때, 술을 한 잔 하고 오셨으면 하는 생각을 자주 했었다. 평소에는 현미와 채식 건강 식단을 실천하시는 아버지셨지만, 한 잔 하고 귀가하실 때면, 아버지의 한 손에는 평소 집에서 구경하기 힘든 아이스크림이나 제과점 빵이 든 비닐봉지가 자주 들려져 있었다. 잽싸게 아버지의 가방과 먹을 것이 든 비닐봉지를 받아든 다음부터는 우리 형제의 해피아워가 시작된다. 가끔은 잘 들어오셨냐는 인사도 제대로 안 하고, 비닐봉지부터 낚아채는(?) 만행을 저지르다 먹을 것을 눈앞에 두고 혼난 기억도 있다. 어린 시절 아버지의 한 잔은 우리 형제에게 도깨비방망이 같은 고마운 존재였다. 우리의 아버지들은 평소에 자식들에게 애정표현을 잘 못하시다가, 꼭 이렇게 약주 한 잔 드시고 나서야 마음속에 숨겨둔 애정표현을 하신 것이다.

술 냄새가 펄펄 나서 자식들이 싫은 표정을 지어도 안았다가 뽀

뽀를 했다가를 반복하시는 분도 있다고 한다. 혹은 너무 애정이 넘치는 나머지, 인생 선배로서 자식들에게 당신의 경험이 깃든 훌륭한(?) 말씀을 새벽 늦게까지 몇 시간이고 하시는 집이 있다는 이야기도 들었다. 이처럼 술은 평소 긴장이나 마음상태를 조금 풀어지게 하는 기능을 한다. 그렇기에 과거 무뚝뚝하고 무서웠던 우리 할아버지들을 보고 배운 우리 아버지들도 평소에는 자식들에게 애정 표현을 못 하다가 술을 한 잔 한 후에야 과감히 시도하시는 것이다.

미성년자가 아니면서, 종교적 혹은 건강상의 이유로 술을 피해야 하는 분들을 제외한 우리세대 아들딸들에게 권한다. 한 달에 1번 이상 아버지와 가볍게 술잔을 기울이자!

교회 집사님 어머니를 옆에 두고 우리 부자는 식탁에 맛있는 요리나 반찬이 등장하면 종종 반주를 한 잔씩 권한다. 둘 중 한 명이 권하면 80% 이상의 확률로 콜 사인이 난다. 처음에는 싫어하시던 어머니도 이 모습을 몇 년째 보시더니 익숙해져서인지 이제는 그러려니 하신다. 어머니께 죄송한 마음은 항상 가지고 산다.

아버지와 술 한 잔을 함께 하는 자식들이 생각보다는 많지는 않은 듯하다. 이유는 보통 아버지와 할 얘기도 없는데 무슨 재미로 마주보고 앉아서 술을 마시냐는 것이다. 아버지와의 술자리를 회사 회식자리 정도로 생각하나보다. 어른이 앞에 계시니 회사 회식자리와 유사점도 있지만, 강제성(?) 유무나 격식의 차이가 있으니 다소 차이가 있다고 해야 하겠다.

회사 회식의 좋은 점으로는 업무 혹은 어떠한 일로 상대방에 대한 불만과 이에 따른 스트레스가 쌓여 있을 때, 평소에는 차마 못할 이야기를 술의 힘을 빌려 마음속에 있는 이야기를 꺼내며 풀어가기도 한다. 또한 회식자리에서 밤새 신나게 화합한 후, 다음날 아침 다들 숙취에 힘들어하다 점심 때 함께 해장하러 가면서 느끼는 묘한 동질감(?)이 생긴다는 것을 경험해 본 사람들은 모두 알 것이다.

이 좋은 기능을 아버지와의 술자리로 연결시켜 보자. 사실 아버지와의 대화가 어색하고 약간 서먹서먹한 것을 전적으로 젊은 세대 탓으로만 돌릴 수는 없다. 자식들의 생활과 관심사에 크게 신경을 쓰지 않고 바쁘게 살아오신 아버지들도 계실 것이고, 반대로 아버지의 생활방식을 이해하지 못하고 등을 돌린 젊은이들도 있을 것이다. 즉, 일방의 잘못이 아닌 쌍방의 책임이라는 것이 나의 생각이다. 그렇다고 가족이라는 이름으로 짧지 않은 시간을 함께 살아온 사이인데, 앞으로 등 돌리고 살 것이 아니라면 부자유친 하는 것이 바람직하지 않겠는가?

요새 소통시대에서 '악플보다 무서운 것이 무플이다' 라는 말이 있다. 비난받는 것도 힘들지만 무관심은 그에 못지않게 힘들다는 것을 표현한 말인 것 같다. 요새 아버지들은 집에서 무플의 대상이 되어버린 느낌이다. 사회생활을 하는 동안에는 생업에 바쁘니 못 느껴지시겠지만, 은퇴라도 하셨다 하면 그 무관심은 점점 더 큰 상처로 그 분들께 남을 것이라는 생각이 든다.

이런 상황에서 술의 힘을 빌려 자식들이 아버지께 먼저 다가가는 시도를 해 보자. 50~60여 년 유지되어 온 라이프스타일은 여

간해서 바뀌기 쉽지 않다. 그렇기에 젊은 사람들이 먼저 움직이는 편이 훨씬 빠를 것이다. 그리고 자식들이 아버지한테 먼저 '한 잔 하시죠' 라고 하면 외로운 아버지들은 '얘가 웬 일이지?' 하며 의아해 하면서도 기분 좋게 선뜻 받아들이실 것이다.

하지만 반대의 경우를 상상해 보자. 아버지가 식탁 위에 맥주 두어 병을 놓고, 방에 있는 아들을 불러서 '오랜만에 술 한 잔 하면서 탁 터놓고 얘기 좀 해보자' 고 하시면, 자식들은 '이건 무슨 시추에이션?' 을 속으로 외치며, 가기 싫은 회식 참석하는 기분으로 식탁 앞에 앉게 될 부작용 발생 확률이 높다. 아버지들이 먼저 시작하기 전에, 자식들이 선수를 잡는 것이 모양새도 더 좋고, 효과도 더 클 것이라 생각된다.

일찍 퇴근하는 날, 치킨 한 마리와 맥주 두어 병 사들고 집에 들어가자. 처음 몇 번은 어색하겠지만, 익숙해지면 회식자리보다 훨씬 편하고 유익한 자리가 된다. 평소 아버지께 부탁드릴 게 있거나 혹은 불만이 있으면 그 자리를 빌려 약간의 애교와 아양을 섞어 말씀드려 보자. 여우같은 딸이 아닌 곰탱이 같은 아들이 그러더라도 웬만해서는 해결이 될 것이다. 단, 과음은 금물이다.

참, 아버지가 술을 드시지 않는 분이라면 과일이나 다른 음료수로 대신해도 좋을 것이다. 정담과 소통이 중요한 문제가 아니겠는가?

미루지 말고 이번 주에 일차 실시해 보자!

05 ▸▸▷
아버지 세대에 대한 배려를

_정상훈

최근에 국민연금 제도에 대한 개혁이 필요하다는 목소리가 높아지고 있다.[1] 현행 국민연금 제도가 계속 유지되는 한 2053년에 이르러 연금 재정이 고갈될 것이라고 예측되고 있다. 사실 국민연금이 1988년에 처음 시행된 이후에도 이 제도에 대한 개혁은 몇 차례에 걸쳐 계속해서 이어져 왔다. 개혁의 방향은 바로 '더 내고 덜 받는' 것이다. 지금 제도의 구조상으로는 자신이 납입한 연금액보다 나중에 수령할 수 있는 연금액이 더 많기 때문에, 이런 상황이 지속된다면 시간이 지나 연금 재정이 고갈될 수밖에 없기 때문이다.

사정이 그러한데도 초기의 국민연금 수령액이 그렇게 후하게

1 한국경제, 2012.8.16

책정될 수 있었던 이유는 연금 재정이 바닥나면 그걸 내버려 둘 수만은 없는 노릇이기에 언젠가 다른 누군가는 더 많은 연금액을 납입하게 될 것이기 때문이다. 그리고 그 누군가는 지금 바로 연금을 수령하는 사람들 대신 미래 세대의 사람들이 될 것이다. 즉, 지금 당장은 어떻게 되든지 간에 일단 눈을 감아버리고 그 위험을 다음 세대에 전가시킨다는 것이다. 바꿔 말하면 현재의 세대가 지불해야 할 비용을 지금의 젊은이, 미래의 연금 수령자들이 대신 부담하고 있는 것이다.

국민연금은 하나의 사례를 든 것일 뿐이다. 앞으로 대한민국 사회는 점차 노령화가 진행될 것인데, 급격하게 증가하는 노령 인구를 부양해야 하는 이들은 지금의 그리고 앞으로의 젊은이들이다. 그래서 당연히 젊은 세대는 불만이 팽배해질 수밖에 없다. 나 혼자만으로도 하루하루 살아가기 힘에 부친데, 부모 세대까지 책임져야 한다니 마음이 가벼울 리가 없다. 게다가 과거에는 노령 인구보다 젊은 세대의 수가 훨씬 많아서 그 부담이 덜했는데, 앞으로는 갈수록 노령층 인구는 증가하는 반면 젊은 세대의 수는 감소한다니 갈수록 답답한 상황이다.

자신을 낳아준 부모를 부양해야 하는 것은 어떻게 보면 당연한 일이라고 볼 수도 있지만, 젊은 세대의 불만도 나름대로 이유가 있다. 30년 전만 해도 실업고등학교만 나와도 번듯한 직장에 취직해서 생활하는데 지장이 없었고, 내가 대학에 갓 입학했던 때인 불과 10년 전만 해도 대학생들은 지금처럼 학점에 목매지 않고 적당히 이것저것 즐기면서 대학을 다니다 보면 어렵지 않게 취직이 되었다. 하지만, 지금 대학생들은 소위 '단군 이래 최고 스펙'

을 갖추고 있음에도 불구하고, 좁은 취업문을 뚫기 위해 서로 간에 극한의 경쟁을 벌이고 있다.

그 뿐만이 아니다. 경제 개발이 활발하던 시기에는 기회도 많았다. 신문배달하던 학생이 대한민국 최고 재벌그룹의 총수가 될 수도 있었고, 택시 운전을 하던 사람이 거대한 운수업체의 사장이 될 수도 있었던 기회의 시대이기도 했다. 하다못해, 약간의 자금과 정보와 발품이 있으면 부동산에 투기를 해서 엄청난 재산을 축적할 수도 있었고, 일단 회사에 들어가기만 하면 그 회사가 망하지 않는 한은 정년퇴직 할 때까지 꼬박꼬박 월급을 받을 수도 있었다. 비록 힘들지만 열심히 살면 성공할 수 있다는 희망이 있었던 사회였다.

하지만, 지금은 경제 구조가 어느 정도 완성이 된 상태라서 기회가 별로 없다. 개인 사업을 하려해도 기존 업체들 사이를 비집고 들어갈 틈이 없다. 그렇다면 기존의 회사에 직원으로 들어가는 수밖에 없는데, 일자리가 많지 않다. 힘들게 취직을 하면 고단한 월급쟁이의 삶이 이어지는데, 그나마 요새는 40대 중반, 50대 초반만 되어도 회사에서 나가라는 압박이 심하다고 들었다. 회사에서 임원이 될 수 있는 가능성은 입사 동기 100여 명 중에 한, 두 명에 지나지 않는다고 한다. 게다가 이미 부동산 불패신화는 막을 내렸다. 주식에 투자한 개인투자가들이 수익을 올렸다는 얘기도 들어본 적이 없다. 이런 상황에서 인생 역전의 기회는 복권 밖에는 없는 것 같다. 아무리 열심히 일한다고 하더라도 인생의 반전을 노릴 수 없는, 희망이 사라진 사회처럼 보인다.

그럼에도 불구하고, 젊은 세대는 아버지 세대를 이해하고 배려해야 한다. 젊은 세대가 쌓아놓은 스펙의 높이만큼이나, 지금 대한민국의 부(富)의 크기도 유래없이 대단하다. 젊은 세대가 단군 이래 최고의 스펙을 쌓고 있는 만큼, 지금의 한국도 단군 이래 가장 부유한 시대를 살고 있다. 1960년 우리나라의 1인당 GDP가 79달러였지만, 2011년 우리나라 1인당 GDP는 23,000달러에 달한다고 한다. 아주 단순하게 얘기한다면 불과 50년 사이에 우리 국민이 200배 넘게 잘 살게 된 것이다. 그 풍요는 속된 말로 고스톱 쳐서 따낸 것이 아니다. 바로 아버지, 어머니 세대의 피와 땀의 산물인 것이다. 70년대 여공들이 다락방에서 먼지 마셔 가며, 80년대 산업 역군들이 중동 모래사막을 누비며 쌓아 올린 것들이다.

나는 솔직히 과거에 우리 조상들이 얼마나 힘들게 살았는지 잘 모른다. 내가 직접 그 시대를 겪어보지 않았기 때문이다. 하지만, 우리 아버지들의 기억 속에, 그리고 빛바랜 사진 속 풍경에는 그 시대의 가난한 흔적들이 선명하게 남아 있다. 요즘 사람들은 가끔 경치 좋은 곳에 있는 음식점에 가서 별미로 보리밥을 먹는다. 나도 그리 맛있게 먹지는 않지만 한 번씩 먹으면 또 색다른 맛이 있다. 하지만, 우리 아버지는 보리밥을 안 드신다. 어렸을 때 쌀이 없어서 보리밥만 먹다보니 아예 질려버려서 보리밥은 이제 보기도 싫다고 하신다.

내가 어렸을 때, 지금으로부터 15년에서 20년 전만 해도 동네에서 경양식집이라는 음식점을 어렵지 않게 찾을 수 있었다. 돈까스나 햄버거 같은, 말 그대로 가벼운 양식을 파는 가게였다. 최근에는 경양식집을 찾아볼 수가 없다. 아마도 프랜차이즈 패스트푸드 업체나 패밀리 레스토랑이 그 자리를 대신하고 있기 때문일 것이다. 물론 예전에도 시내에 나가면 그런 레스토랑이 있었는지도 모르겠다. 내가 어렸을 때는 시내에 나갈 일도 별로 없었고, 우리 집의 소득 수준이 그렇게 높지도 않았기 때문에 잘은 모르겠다. 하지만, 적어도 지금처럼 조금 큰 맘을 먹으면 한 끼 식사에 몇 만 원 정도 어렵지 않게 쓰는 그런 일은 흔치 않았던 것 같다. 그만큼 우리는 더 잘 살게 된 것이다.

나는 한 때 어떤 시험을 준비하기 위해 꽤 오랜 시간 동안 공부를 한 적이 있었다. 공부를 한창 열심히 할 때는 몇 시 몇 분에 내가 어디에 있을지 예측이 가능할 정도로 규칙적인 생활을 했다. 아침 기상 시간, 공부 시간, 식사 시간, 휴식 시간, 취침 시간이 일정했기 때문에, 마치 매일 같은 시간에 같은 장소에서 모습을 드러냈던 칸트의 삶과도 같았다. 그렇게 하루 종일 책상 앞에서 공부만 하는 것은 상당히 괴로운 일이다. 그런데도 나는 그런 생활을 힘들다고 생각하지 않았다. 좀 더 정확하게 얘기한다면 힘들지 않다고 생각하려고 애를 썼다. 물론 정말로 그 공부가 힘들지 않았다면 거짓말일 것이다. 그래도 내가 힘들지 않다고 생각하려고 했던 이유는 예전에 아버지의 학창 시절 얘기를 전해들은 적이 있었기 때문이다.

아버지는 시골에서 올라와 도시에서 중, 고등학교를 다니셨다. 자취를 하면서 쌀이 떨어져서 밥을 굶는 날이 적지 않으셨다고 한다. 배가 고프면 공부에 대한 의욕이 생겨날 리가 없다. 그렇게 힘들게 생활하는데도 아버지는 공부해서 대학에 가셨다. 그에 반해 나는 공부를 하면서 적어도 생활비를 걱정해 본 적도 없고, 돈이 없어서 밥을 굶은 적도 없었다. 오히려 공부하다 스트레스가 생기면 용돈을 써가며 스트레스를 해소할 수도 있었다. 한창 경제생활을 해야 할 나이에 돈을 벌지 않고 하고 싶은 공부를 할 수 있다는 것은 크나큰 축복이자 특권이었다. 그런데도 공부하는 게 힘들다고 해서 투덜댈 수는 없었다.

내가 좋아하는 만화에서 한 등장인물이 이런 대사를 한다. "아무리 그것이 괴로운 것이라 해도 돌아온 외상은 갚을 수밖에 없다." 젊은 세대가 누리고 있는 지금의 풍요는 우리 아버지, 어머니 세대의 희생에 빚을 지고 있는 것이다. 따라서 우리가 풍요를 누리는 만큼 부모 세대의 부채에 대해서도 책임을 져야 한다. 재산만 상속 받고 빚은 나 몰라라 할 수 있는 방법은 없다. 세상에 공짜란 없는 법이다.

누구나 자기가 처한 상황이 가장 힘들게 느껴진다. 공익근무를 통해 군복무를 한 친구도 군 생활에 대해 얘기하다 보면 자신의 군 생활이 가장 힘들었던 것처럼 말한다. 옛날 군대가 아무리 힘들었다고 해도, 지금의 군대도 가면 힘들기는 마찬가지다. 그래도 지금보다 아버지들이 젊었을 때의 시대가 더 살기 힘든 시기였다는 것은 부인할 수 없는 사실이다. 지금의 젊은 세대는 먹을 게 없어서 굶어 죽는 세대는 아니지 않은가. 실제로 방글라데시나 소말리아에서는 지금도 굶어 죽는 사람들이 있다. 아버지 세대는 우리가 상상하기 어려운 그런 시간을 살아오셨다.

아버지 세대는 앞만 보고 달려야 했던 세대이다. 뒤돌아 볼 여유도 없이 살기 위해, 가족들을 먹여 살리기 위해, 아침에 눈을 뜨자마자 하루 종일 쉴 새 없이 달려야만 했던 시대이다. 그래서 그 분들에게는 여유가 없었다. 미처 미래를 대비할 틈도 없이 하루하루 살아가기에 급급했던 분들이다. 그 분들이 나이가 들어서 몸도 마음도 약해지셨다. 이제는 젊은 세대가 아버지 세대를 책임져야 한다. 아버지가 어린 자녀들과 함께 해야 하는 것처럼, 장성한 자녀가 아버지 · 어머니와 함께 해야 하는 것도 우리들의 운명일 것이다.

06 ▸▸▹

어느 아내의 응원가

_임화자

어느 주말, 저녁상을 차리는 중에 식탁에 앉은 남편과 큰 아들이 대화하는 소리가 들렸다.

아들 : 그래도 아버지 세대는 가장으로서 대접받고 품위를 지키며 아버지 일에만 몰두하실 수 있었잖아요. 지금 젊은 세대 남자들은 불쌍해요. 부부가 함께 일해야 먹고 살 수 있기 때문에, 직장에서는 직장대로 상사 눈치 보며 바쁘게 움직여야 하고, 집에 가면 아이 돌보고 집안일도 분담해야 가정이 돌아가기 때문에 매우 고달프죠. 주위 선배들 얘기를 들어보면 주말에도 부인의 눈치를 보느라 등산 나들이조차도 제대로 하기가 힘든가 봐요.

아빠 : 그래도 너희 세대는 대부분 부모의 그늘에서 고등교육

까지 마치는 등 기본은 갖추었다. 우리 세대는 본인이 원하는 교육을 거의 받지 못하고 출발해야 했다. 거기에 부모님 뒷받침이 거의 없는 새 가정 꾸리기 등 애로가 많았었지. 나의 경우도 병중에 계신 부모님 돌보고, 결혼해서는 가족들을 부양해야 했다. 성인이 되어서도 부족한 학교 공부 보충하느라 짬을 내어 공부해야 했으니 얼마나 고달팠겠느냐?

50대 후반의 나이에 퇴직한 남편과 결혼을 앞둔 직장인인 아들의 세대 차이나는 남자로서의 고뇌가 담겨있는 대화다. 나의 결혼 30여 년 차 우리 가정의 풍경인 것이다.

젊은이들은 직장과 사랑이라는 두 마리 토끼를 잡기 위해 아침부터 밤늦게까지 바쁘고, 오십 대는 은퇴 준비가 제대로 되지 않은 상태에서 직장과 사회에서 서서히 밀려나다 보니 열패감에 밀려오는 듯하다. 이런 대화는 비단 우리 가정에서만 오고가는 말은 아닐 것이다. 가장이 은퇴를 앞둔 가정의 현실을 대변하는 것 같다.

직장인들은 직장 생활에서 주어진 목표를 달성해야 하며 상사의 눈치를 보고, 치고 올라오는 후배들과의 경쟁에 시달리다 보면 몸과 마음이 지친다는, 금융계통에서 은퇴한 남편의 얘기였다. 어느 모임이나 행사에도 항상 자기는 무언가를 부탁해야 하는 '을'의 입장이라 접대에 신경을 써야 한다고 했다. 친구들 술좌석에서조차도 어떤 친구에게 어떤 부탁을 해야 하나 늘 고민하며 살았다고 지나온 삶을 담담히 이야기하곤 했다. 직업이 그랬으니 친구 만나는 것까지도 마음이 편치 못했다는 것이다.

그이는 직장생활을 아주 열심히 했다. 월급값을 해야 한다는 것이 그의 직장 신조였다. 지방에 근무할 때는 지역주민들과도 유대가 깊었고, 도심에서 금융 업무를 담당할 때는 금융고객들과 정서적인 친밀감을 유지하고 살았다. 새벽에 일어나 회의자료를 만들기도 하고 야근과 주말 근무도 많았다.

평소 온화하지만 다소 온건한 성격인 그는 상사로부터 신임을 받고 지낼 때가 많았으나, 상사를 잘못 만나면 업무 외의 시달림에 매우 힘들어 할 때도 더러 있었다. 심지어 직장을 그만두고 장사로 나서자고 한 적도 있었으나 말린 기억이 있다. 그는 후배들에게는 그런 모진 시어머니의 관행을 남기지 않으려고 노력하는 듯했다.

퇴직 후에는 진정 자유인이 되고 싶어했다. 그러면서 앞으로 문화 예술의 시대가 올 거라고 전망하며 평소 취미가 있는 그림과 글쓰기에 틈틈이 시간과 노력을 투자했다. 야간이나 주말에 문예 강좌에 참석하고 항시 신문과 책을 들고 살았다. 직장생활을 하는 중에도 그림 단체전은 물론 개인전도 갖는 경력을 쌓았다.

TV는 뉴스와 미리 염두에 둔 프로그램 외에는 거의 보지 않았다. 가족들이 TV 연속극 등을 시청하는 걸 못마땅하게 생각해 불편할 때도 더러 있었다. 아무튼 그는 심심할 틈이 없이 바쁜 사람처럼 보였다.

그런 그이가 그 무거운 멍에에서 벗어난 것이다. 허나 그의 생각처럼 유유자적한 자유인이 되지는 못했다. 바쁘고 열심히 살아온 그였지만 장수시대라는 복병을 만나 이를 대비하지 못한 것이다. 아니 대비한다고 했으나 예측이 빗나간 것이다. 문화예술의 시대가 올 거라는 기대와 준비가 양극화 시대를 맞아 빛을 보지 못한 것이다. 타 분야와 마찬가지로 문화예술분야도 양극화되고 전반적으로 크게 위축되었기 때문이다.

퇴직한 남편뿐만 아니라 사회의 전체적인 흐름이 성취감보다는 좌절감이 일상을 지배하는 요즈음이기에, 그이의 퇴직 후 3년여의 우리 가정경제는 불안정하다. 금후 전망 또한 불투명하다. 직장생활 중에도 부동산 투자나 재산축적 노력보다는 남보다 다른 관점으로 문화예술의 시대가 올 거라고 생각하며 그 분야 공부 투자는 비교적 많이 하였으니 부에 대한 축적은 못했을 거라 믿는다.

사실 아내인 나도 다소 불안하다. 그래서 막연히 불안해 할 것이 아니라 거들어야 한다는 생각을 가졌다. 여러 궁리 끝에 생활전선에 나서길 시도해 보았다. 한식요리사, 요양보호사, 베이비시터와 동화 구연 자격증 등 단기에 얻을 수 있는 자격증부터 취득했다. 지속적으로 사회복지사, 건강가정사, 보육교사 공부 중에 있다.

나이 제한이 있어 자격증이 있어도 아르바이트가 쉽지 않은 현실임을 경험했으며, 여러 곳을 거친 끝에 일자리를 얻었다. 세상일이 쉽지 않다는 것도 새삼 알았고, 남편의 과거 직장생활이나 인간관계 등 어려움을 짐작하는 계기가 되기도 했다. 한편 여태 생각해 보지도 않았던 새로운 분야에 도전하는 재미도 있고, 나도 하면 할 수 있다는 의욕과 자신감이 생기기도 했다. 이런 생각 때문에 남편은 평생을 바쁘게 살았나 보다.

당장 돈이 안 되는 일을 한 가지도 아닌 그림과 저술을 동시에 붙들고 있는 상황에 남편의 고민이 많다는 것을 말하지 않아도 읽을 수가 있다. 바삐 사는 남편이지만 퇴직 전보다는 함께 있는 시간이 더 많아져 때로는 사소한 일로 인해 다툴 때도 있지만, 더러는 남편이 온갖 야채를 넣어 요리한 라면으로 점심 한 끼를 해결하고 즐기면서 중년을 넘어 노년으로 향하는 인생을 살고 있다.

가정생활 가운데서 부부의 언행은 늘 조심해야 할 일이다. 상대방에게 용기도 주고 힘을 실어주기도 하지만 그 반대로 낙심하게 하는 일도 될 수 있기에 좀 더 유념하고 살아야 할 것이다.

고령화 시대를 맞아 그림과 저술 활동에 전념하고 있는 남편의 선택은, 옳고 그름을 현재로서는 알 수 없는 일이다. 그러나 지금은 다소 어려우나 열심히 기도하고 합심해서 어려움을 극복할 때라 생각하며 긍정적으로 살아간다.

요즈음 많은 사람들이 어렵다고 한다. 그러나 열심히 살다보면 우리에게 고루 좀 더 풍요로운 시대가 올 것이다. 그리고 대중이 문화예술에 참여하고 즐기는 시대가 오리라 믿는다. 나는 신앙인으로서 오늘도 기도하며, 내일 아침은 작은 일터로 출근할 생각에 즐겁다.

지금 어려운 환경에 있는 남편들을 향해 응원해 보자.

"마음을 활짝 열고 힘내세요. 우리가 있잖아요." 라고…….

07 ▸▸▹
이 시대 슬픈 백성들, 그들과 진정 함께 울어줄 지도자 누구 없나요?

김근태는 역사의 후유증과 백성들의 소외 속에서 먼저 가버렸다. 그는 고문에 몸이 부서지고 저들이 지옥의 마귀처럼 영혼을 흔들어대도 강인한 인내로 버티고, 번득이는 지혜로 이를 이겨냈다. 하지만 대중 앞에서 퍼포먼스 하는 데는 우둔하였다. 그는 독재와 야만의 시대에 이를 무너뜨리는데 금자탑을 세웠지만, 세상은 돈에 눈 멀고 백성들은 그를 잊었다. 정치자금 문제로 고해성사를 했을 때 그는 무수히 크고 작은 돌멩이를 맞았다. 똥 묻은 동료들이 겨 묻은 그에게 손가락질 했다. 사실 그는 모처럼 높은 '갑' 의 입장에 섰을 때 '을' 로부터 밥 한 끼 공짜로 먹는 것도 삼가했다. 그는 이 시대 슬픈 백성과 진정 함께 울어줄 만한 믿을만한 신사 지도자였다.

한편 그 대통령은 간혹 어려운 백성을 찾아가 목도리를 걸어주고 눈물짓는 퍼포먼스를 하더니, 나중에는 그마저 보기 힘들었다. 허긴 퍼포먼스니 문화예술이니 하던 사람들이 이제 다 죽겠다고 아우성이니 그 대통령의 퍼포먼스도 한 철이었나 보다.

그와 같이 퍼포먼스니 문화예술하는 사람들, 그중에도 국내에서 괄시받던 김기덕 감독은 염가로 만든 영화 '피에타'를 구라파에 들고 나가 금메달을 따오고, 싸이 가수는 '강남스타일의 말춤'으로 온 세상을 흔드니 그나마 다행한 일이다. 국내에서는 '도둑들'이란 영화가 성공한 모양이다. 이 나라는 정치판이나 재벌판, 공직사회와 극장까지도 도둑들로 판을 치고 득세하니 희한한 나라이다.

입만 열면 국민을 걱정하던 큰형님 영일대군이나, 큰멘토 방통대군, 실세 왕차관 등이 줄줄이 묶여가니, 이제 말로라도 어려운 백성과 함께 울어 줄 누구 하나 찾기 힘들다.

세계경제포럼(WEF)이 평가한 올해 우리나라의 국가 경쟁력 순위는 144개국 가운데 19위였다. 24위였던 지난해보다 5계단 상승했다. WEF가 평가한 국가경쟁력 순위가 1년 전보다 오른 건 2007년 이후 5년 만이다. WEF는 스위스 제네바에 있는 국제민간기관으로 매년 1월 다보스 포럼을 개최하며 140여 개 국가의 경쟁력을 비교해 발표한다.[1]

정치와 정책 결정과정은 국가 경쟁력의 발목을 잡는 요인이었

---

1 박미연 기자, 아시아 경제, 2012.9.6.

다. '정치인에 대한 공공신뢰' 는 지난해 111위에서 올해 117위로 6계단 밀려났고, '정책 결정의 투명성' 역시 128위에서 133위로 5계단 추락했다. 정부지출 낭비 정도(95위→107위)는 100위권 밖으로 밀려났다.

140여 개 국가 중 19위이면 대단하다. 그야말로 선진국 수준이다. 부문별로 보면 여러분야가 상위급인데 역시 정치 · 정책 등이 문제다. 정치인에 대한 공공 신뢰, 정책결정의 투명성 등이 꼴지 수준으로 우리나라 국가경쟁력의 뒷다리를 잡고 있는 것이다. 정치 · 정책 분야만 더 올라섰더라면 명실상부한 선진국 수준이 되는 것이다. 어찌, 먼 곳에 있는 세계경제포럼은 어떻게 이리 족집게처럼 잘 집어내는지 모르겠다.

그래도 믿아야 곳은 있다. 백성들이 직접 뽑은 정치인 선량들이 있다. 그런데…….

국회의원 세비를 남몰래 올린 여야 정치권의 작태는 부끄러운 우리 정치의 민낯을 여실히 드러낸다. 국민에겐 허리띠를 졸라매라 하면서 자신들은 도둑고양이처럼 세비를 두둑이 챙겼다. 액수가 문제가 아니다. 정치지도자가 솔직하지 못하면 아무짝에도 쓸모가 없다. 우리나라가 선진국 문턱에 와 있다는데 정치지도자들 수준이 이 정도라면 국민이 불행하다. 우리 정치가 정말 이래도 되나 하는 자괴감을 감출 수 없다.

19대 국회의원 세비가 18대 국회에 견줘 20%, 지난해보다 16% 가량 인상됐다는 사실이 드러난 것은 이한구 새누리당 원내대표가 엊그제 우연히 이를 실토하면서다. 그 이전까지 국회의원과 그

식구들 말고는 이를 제대로 아는 사람이 없었다. 쉽게 말해 세비는 나라의 주인인 국민이 의원들에게 주는 활동비다. 주인 몰래 활동비를 더 많이 타간 꼴이다. 이는 사실상 범죄에 해당한다. [2]

부끄러운 우리나라 국회의 자화상이다. 이 정도면 이제 누구를 믿어야 할까? 폭넓은 일을 해야 하는 국회위원의 세비가 만족할 수준이 못 되는 것을 짐작한다. 허나 그분들이 입만 벌릴 때마다 사랑한다고 말하는 국민들을 돌아보면 입장이 달라진다.

"국회의원님들, 당신의 나라 노동자의 최저 임금이 얼마나 되는지 아시나요?"

물론 '고용복지'를 약속한 어느 유망 대선 후보와의 일차 재치 문답시간에 나온 문제여서 시급 4,580원이라는 것을 기억할 수도 있을 것이다. 그럼 내년(3013년)은 얼마일까? 280원 오른 4860원이란다. 올해보다 6.1% 올랐다. 이를 살짝 바꿔 최저 월급을 물으면 어떤 답을 내놓으실른지? "150만 원 쯤 되겠지." 하지 않을는지?

'국민성공 시대'를 열겠다고 약속했던 이명박 대통령이었는데, 최저임금 상승률은 연평균 5.2%로 최저임금제가 실시된 1988년 이후 역대 정부 중 가장 낮았습니다. 경영계는 이것도 많다고 아우성을 쳤습니다. 참고로 노무현 정부 때는 연평균 10.6% 인상됐습니다.

---

2 한겨레 사설, 2012.9.6.

시급 4860원을 주 40시간 노동을 기준으로 월급으로 바꾸면 101만 5740원입니다. 보건복지부가 정한 올해 최저생계비는 4인 가구 기준 149만 5550원으로, 이에 한참 미치지 못합니다. 만약 최저임금 노동자가 4인 가구의 가장이라면 그 가정은 극빈한 생활을 할 수밖에 없습니다.[3]

노동자들의 최저 임금 시급 몇 백 원 올리려면 나라의 경제가 흔들릴 것처럼 모두가 법석을 떨던데, 의원들의 세비는 감쪽같이 20% 씩이나 오를 수 있을까? 사냥개보다 감각이 예민한 기자들이 한참이 지난 후에야 이 사실을 알고 뒷북치는 것을 보면, 우리 국회의원들의 제몫 챙기기 경쟁력은 세계 1위에 틀림없다.

우리나라에서 '복지' 하면 '포퓨리즘', 표퓨리즘 다음에는 '망국병' 이 자동 연상된다. 누군가가 우리의 머리에 이렇게 깊이 심어놨다. 그런데 진짜 복지의 나라 스웨덴의 어느 지도자의 얘기가 가슴을 울린다.

1992년 9월 스웨덴의 경제는 처참히 무너졌다. 대량해고에다 스웨덴 화폐를 지키기 위해 기준금리를 500%로 올렸다는 등의 커다란 뉴스가 국민들을 아연실색하게 했다. 1950년대부터 80년대까지 완전고용을 유지해 왔던 고용시장은 실업률이 10퍼센트까지 치솟았고, 갑자기 오른 기준금리로 인해 이자비용을 감당하지 못한 사람들이 집을 한꺼번에 매물로 내놓는 바람에 집값은 폭포수

---

3 김동수 기자, 오마이뉴스, 2012.8.9.

처럼 급전직하했다. 개인 파산자가 속출했고, 이자비용을 감당하지 못한 회사들이 숱하게 문을 닫았다.

당시 야당의 당수였던 잉바르 칼손 전 총리는 집 근처에서 산책을 하다가 집집마다 붙여놓은 급매물 광고들을 보고 바로 당시 총리였던 칼 빌트에게 전화를 걸었다. "스웨덴 경제를 살리기 위해 협조하겠습니다." 다음날 우익계 여당과 사민당 등 4개 정당의 당수들이 모여 위기대책 1호를 발표했다. …(중략)…

이러한 노력의 결과로 경제위기가 찾아온 지 7년 만에 건전재정이 이뤄졌고, 국가부채도 2000년대 초부터 국민총생산 대비 50%대로 진입하기 시작해 지금은 30% 수준에 머물러 있다. 이렇게 되자 축소되었던 복지 분야도 상당 부분 원상 복구되기 시작했고, 잠시 늘었던 양극화의 해소를 위해 경제적 소외계층을 더욱 배려하는 예산이 만들어졌다. 2000년 이후 속도가 붙은 경제성장률도 다른 경제협력개발기구(OECD) 국가들보다도 높았고, 2008년 미국 발 재정위기, 작년부터 남유럽에서 시작된 유로존 위기를 거치면서도 스웨덴은 높은 세율을 통해 복지와 성장이 선순환하는 모습을 보여주고 있다. [4]

이러한 진정한 국민의 대표상을 보고 감동하지 않을 수 있을까? 스웨덴은 우리나라보다 올림픽 금메달 수는 훨씬 적지만 국가신용등급은 우리보다 3~4단계 높은 최상위급이고, 국가 경쟁력은(세계경제포럼) 4위를 기록하고 있다.

---

4 최연혁 쇠데르퇴른대학 정치학 교수, 한겨레, 2012.9.10. 31면

경제협력개발기구(OECD)가 36개국 조사로 삶의 질을 나타내는 행복지수를 측정한 결과를 보면 스웨덴은 상위인 4위, 우리나라는 하위인 24위에 그치고 있다.[5]

우리나라에서는 정치와 정책과 정치인이 국가 경쟁력의 뒷다리를 잡고 있다면, 이 나라 스웨덴은 정치인이 지도자로서 책임의식이 확실하고, 그들이 행하는 정치와 정책이 견인차 역할을 하고 있는 것을 볼 수 있다.

복지란 항시 포퓨리즘이고 망국병인가? 복지의 나라 스웨덴은 누군가가 말하는 포퓰리즘이나 망국병과는 거리가 멀다. 그들은 선거를 위한 복지가 아닌 국민을 위한 복지를 펼치기 때문일 것이다.

이시형씨 "큰아버지에 현금 6억 빌려 큰 가방에 넣어와"[6]

당시 대통령은 어느 날 영평도에 느닷없이 방문하여 "통일이 될 때까지 우리 엔엘엘(NLL)을 목숨을 걸고 지켜야 한다."고 말했다. 틀림없는 말씀이다. 헌데 그 대통령의 아들은 큰아버지한테 현금 6억 원을 빌려 땅 사면 국가에서 미래수익까지 챙겨준다는데, 미래가 막막한 누구의 아들들은 그동안 목숨 걸고 엔엘엘(NLL)을 지켜야만 하는가?

---

5 매일경제, 2012.5.24.

6 황춘화 기자, 한겨레, 2012.10.19. 1면

동부전선의 '노크귀순' 한 어느 철책선의 경비, 연평도에서 대통령의 '목숨을 걸고 지켜라' 는 단호한 말씀과, 그 아들이 큰 아버지에게 빌린 현금 6억 원이 든 큰 가방의 잔상이 술 취한 세상처럼 뒤엉킨다.

한쪽 팔은 날려서 보험금 타내 사업하다 진 빚 갚고, 나머지 한쪽은 날려서 앞으로 태어날 자식 부양하고자 하는 어느 처절한 예비 아빠.

이제 마지막인 그 손으로 평소 좋아하는 기타를 한 번 치고 이 일을 치루고 싶단다. [7]

영화 '피에타' 의 한 장면이다. 그는 성실히 일했지만 갈수록 늘어나는 고리대금에 이제 벼랑까지 밀렸다. 마지막 남은 것은 자신의 신체뿐이다. 이제 악덕 고리대금업자의 압박과 회유로 양팔을 날려 속임수로 보험금을 타내 빚을 갚고 가족을 부양해야 하는 마지막 선택만 남아있다. 그는 자신의 숙명을 팔아 태어날 아기의 행복을 사주려고, 어둡잖게 웃으며 애기하지만 관객들은 잠시 후에 나타날 영상에 몸서리친다.

그냥 지나가는 보기 불편한 영화 이야기일 뿐인가? 아니다. 문화 예술은 그 시대상을 은유적으로 반영하곤 한다. 그래서 어려운 시대일수록 불편한 문화 예술이 많다. 일제식민지 때에는 이육사 · 윤동주 같은 이들의 시가 일본 통치자들을 매우 불편하게 했

---

7 영화 피에타 중에서

고, 저 먼나라 피카소는 게르니카를 그려 나찌의 폭력에 분노를 표하고 세계인의 공분을 불러 일으켰다.

지금 국가는 날로 승승장구하고 있는데, 그 음지에서는 양팔을 날려서라도 빚을 갚고 자식의 미래를 이어가고자 하는 음울한 시대이다. '국민의 복지와 행복' 을 입에 달고 사는 지도자들이 넘쳐나는 나라, 허나 진정 백성들과 함께 울어줄 지도자가 몇이나 될까?

어둠에 갈 곳 모르고 외로워 헤매는 미로
누가 나와 같이 함께 울어줄 사람 있나요.
누가 나와 같이 함께 따뜻한 동행이 될까. [8]

"이 시대의 불우한 아빠들, 그들과 함께 동행할 누구 없나요?"

"이 시대의 슬픈 백성들, 진정 그들과 함께 울어줄 지도자 누구 없나요?"

---

8 최성수 작사 작곡, 가요 미로 중에서

08 ▸▸▹
겸직 금지로 일자리를 늘려 주시길

새누리당이 국회의원의 겸직 금지를 입법화하는 방안을 추진키로 했다. 금지 대상은 변호사 등 그간 논란이 됐던 직종은 물론 사외이사 등도 포함될 전망이다.

…(중략)…

국회법 29조는 정부투자기관 임직원, 선관위 위원 등을 제외한 다른 직종의 겸직을 허용하고 있다. 이에 따라 일부 변호사나 의사 출신 의원들은 국회의원직을 수행하면서도 겸직을 통해 연간 수억 원의 수익을 올려왔다.[1]

19대 국회의원들의 겸직 실태가 공개됐다. 300명 의원 중 94명

---

1 김대영 · 이상훈 기자, 매일경제, 2012. 6. 5. 1면

이 겸직을 신고했으며, 그중에서도 25명은 겸직으로 돈을 버는 투잡(Two Job) 의원으로 확인됐다. 현행법의 허점 때문에 국회의원들이 여전히 겸직을 통해 별도의 수입을 올리고 있는 것이다.

돈벌이 자체를 죄악시하자는 것이 아니다. 겸업의 부작용이 문제다. 국회의원의 겸직을 금지하는 근본적인 취지는 본업에 충실하라는 것이다. 국회의원은 국민을 대표하는 선출직이기에 민의를 반영한 입법 활동에 전념해야 한다. 모든 공무원에 대한 '직무 전념 의무' 도 마찬가지다. 공복으로서 국민에게 봉사하는 본업에 충실하라는 요구다. 일반 공무원과 비교할 수 없을 정도로 중요한 역할을 부여 받아, 그에 걸맞은 권한과 특혜를 누리는 국회의원에게 직무 전념 의무는 더욱 절실히 요구된다. [2]

국회의원의 겸직 금지 문제는 어느 국회의원이 몇 개 기관의 주요 보직에 겸직한 것이 확인되어 발단이 되었다. 물론 종전에도 논의가 있었으나 용두사미로 끝난 듯하다. 국회의원의 겸직 금지 문제는 사실 큰 문제다. 국회의원은 국민을 대변하는 선출직이다. 선출만 되면 거의 무소불위의 권좌에 앉게 된다. 입법 활동에 전념하라고 국민들의 세금으로 비교적 높은 세비와 수당 등을 지급한다. 합법적인 정치자금을 받아 적정 용도로 쓸 수도 있다. 국회의원이 돈벌이 겸직을 금지해야 하는 이유는 위 논설에서 잘 드러난다.

더욱이 청년 실업을 비롯하여 장년층의 일자리가 날로 심각해지고 있다. 이런 마당에 국민을 대변하는 분들이 서너 개씩의 일

---

2 중앙일보, 2012. 6. 21. 사설

자리를 차지하고 있다면 일자리를 구하지 못한 국민들은 고양이에게 생선을 부탁한 꼴이 되는 것이다.

행사장에는 30도가 넘는 무더위에도 불구하고 5200명이 넘는 50 · 60대 인파가 몰렸다.

행사에 참석한 한 장년층 퇴직자는 "한 명의 퇴직 장년층이 재취업을 하면 20명이 행복합니다."라며 장년층의 취업 열기를 전했다. 퇴직 '아빠'가 직장을 다니는 모습을 보면서 부인과 아들딸, 친척 등 주변 모두가 느끼는 감정을 보여준 얘기다.[3]

한 가장의 취업이 한 가정을 넘어 얼마나 많은 영향을 끼치고 있는가를 실감나게 한다. 국회의원들은 겸직보다는 합리적인 '일자리 창출 법안'을 잘 만들고 접목시키면 돈 안들이고도 쉽게 재선할 수 있을 터인데, 눈앞에 보이는 것에 급급해서는 안 될 것이다. 그들의 유권자가 '한 명만 취업해도 20명이 웃는다'라고 하지 않는가? 그들은 입만 벌어지면 국민 생각을 하던데, 최소한 그 국민들의 일자리 뺏는 일은 하지 말아야 한다. 국민에게 읍소하여 뽑힌 그들은 서 너 개의 일자리를 가지고 있고, 그들을 뽑아준 국민들은 일자리를 구하지 못한다면 그야말로 적반하장이다.

그들이 겸직으로 쌓은 실적과 타당성을 공개하면 좋으리라. 겸직이라지만 그것은 과외 업무나 다름없고, 겸직을 위임한 기관으로서는 보험 성격일 가능성이 짙다. 엉뚱한 보험에 의존하다가 일

---

3 강두순 · 최종원 기자, 매일경제, 2012. 6. 5. 1면.

부 저축은행처럼 부실화되어 순식간에 무너지고, 피해는 고스란히 고객이나 관련자들이 입는다. 이 피해를 국민의 세금으로 충당하자고 하는데 제 주머니 돈은 금싸라기보다 귀하고 국민의 세금은 쌈짓돈으로 생각한다. 이런 곳에서 과외를 한 거물들이 줄줄이 묶여가지 않던가?

국회의원은 본 업무에 전념하고, 겸직을 위탁했던 업체는 겸직 대신 참신한 임직원을 고용하여야 할 것이다. 보험은 인적 보험이 아닌 정식 보험기관에 들어야 위험에 대처할 수 있다는 것을 최근 여러 저축은행 사태가 증명하고 있는 것이다.

국회의원에 국한한 일이 아니다. 이와 유사한 각계 고위층들에 대해서도 합리적인 검토가 필요하다. 제발 이 기회에 겸직 금지로 일자리를 늘리는 '온 국민 살아가는 법' 을 만들어 주시기를 고대한다.

그런데 그 '의원겸직법' 은 그 뒤 어디로 갔나?

다음 선거철이면 다시 나올 것이긴 할 건데…….

〈어느 취업박람회에서 이력서를 쓰느라 안간힘을 쓰고 있는 고령층들〉

09 ▸▸▹

부패를 잡고, 일자리도 늘리고

일자리에 눈이 어두워 이 무슨 헛소리 소리냐고? 부정부패를 과외로 일삼는 그들에게는 그렇게 들릴지 모른다. 그런데 조금만 들어 보고 생각해 보면 이해가 갈 것이다. 다음은 지난 5월 어느 날 한 신문의 기사다.

우리나라 부패 수준을 경제협력개발기구(OECD) 평균 수준으로 개선한다면 잠재성장률이 4%를 넘을 것이라는 연구 결과가 나왔다. …(중략)…

우리나라는 1999년 3.8에서 2008년 5.6까지 오르면서 상당 부분 개선됐으나 지난해 다시 하락세로 돌아섰다. OECD 회원국 평균 부패지수는 6.9점으로 우리보다 1.5점 높았다.(범위는 0~10이며 지수가 낮을수록 부패의 수준이 심각 : 필자 주)

부패를 줄이면 경제는 성장하는 것으로 나타났다. 현대연이 1995~2010년 OECD 회원국 부패 수준과 1인당 명목 국내총생산(GDP) 간 상관관계를 분석한 결과, 한국이 OECD 평균 수준만큼 청렴해지면 우리나라 연평균 1인당 명목 GDP는 138.5달러, 연평균 성장률은 약 0.65% 상승한다.[1]

다음날 다른 신문 기사다.

성장률 하락은 무엇보다 일자리와 가구소득에 곧장 영향을 미친다. 현대경제연구원에 따르면, 2009~2012년 사이 취업자 증가율(1.3%)을 경제성장률(4.5%)로 나눈 '고용탄성치'는 0.29였다. 우리 경제가 1% 성장할 때마다 일자리가 0.29% 늘어난다는 뜻이다. 현재 우리나라 취업자 수 2400만 명에 비춰보면, 성장률 1%당 일자리는 7만개 정도 영향을 받는 것으로 추산된다. 우리 경제가 4% 성장하면 일자리가 28만개 가량 늘어나지만, 3% 성장하면 21만개 증가에 그치는 셈이다. 따라서 성장률 예상치의 하락은, 정부가 내세웠던 '올해 신규 일자리 28만개 창출' 목표도 달성이 쉽지 않게 된다는 얘기다. 해마다 새로 고용시장에 참여하는 인구가 대략 30만~35만 명 증가하는 현실을 고려하면, 고용난이 심화할 우려가 큰 것이다.[2]

---

1 이상덕 기자, 매일경제, 2012.5.29. A6면.

2 최현준 기자, 한겨레, 2012.5.28.

부패만 잡아도 잠재성장률 4% 넘을 것이라고 한다. 한편 성장률 1%가 낮아지면 일자리 수만 개가 날아간다는 것이다. 서민들은 일자리를 늘려 달라고 아우성이다. 정치인들은 일자리 창출을 위한 온갖 구호를 외쳐대지만 실제로는 일자리 창출의 뒷다리를 잡고 있는 것이다. 많은 관리들은 말이 공무원이지 공무에서 과외를 일삼는다. 대기업은 그럴듯한 통계를 들이대며 공로를 유리하게 포장한다. 학자들은 틈나면 토론회를 열고 적절한 대안을 제시했다고 자기들끼리 흐뭇해한다. 허나 서민들의 일자리는 점점 좁아지고 암울한 게 현실이다.

말로만 일자리 늘리면 그게 늘어날까? 위에서 보듯 우리나라가 OECD 평균 수준으로 부패만 잡아도 연평균 성장률은 약 0.65% 늘어난다고 한다. 산술적인 계산만 해봐도, 가만히 앉아서 4~5만개의 일자리를 늘리는 것이다. 내 생각으로는 여기에 국민 간 상호 신뢰와 국제적인 신인도 제고로, 시너지 효과를 얻어 40~50만개로 늘어날지 모른다는 생각이 든다. 좋은 일 하자고 하면 죽기를 무서워하지 않고 뭉치는 협조하는 우리의 저력이 있기 때문이다.

헌데 그 정부는 마치 부패의 DNA로 뭉쳐진 정부인 듯하다. 군대도 갔다 온 경험이 없는 대통령은 쉴 새 없이 낙하산을 투하한다. 허나 낙하 훈련 경험이 없고 국가관이나 사명감이 거의 없는 대원들은 허튼 일만 저지르다가 지휘부는 물론 온 나라까지 어지럽게 한다. 막강한 재벌 총수의 죄가 막중하여 법은 모처럼 어렵게 처벌하지만, 큰손들에게는 약한 대통령은 너무 쉽게 사면해주고 힘없는 백성들만 공정사회 잣대로 볶아댄다.

국무총리실은 그 과중한 업무 외에도 과외로 민간인 사찰을 실시한다. 거기서 참여만 하면 관봉 뭉칫돈을 주고 비례대표 국회의원까지 흥정하기도 한단다. 이런 희한한 과외에 충성스런 졸개가 나와 내가 몸통이라고 자처하지만 어림없는 일이고 가증스럽다.

검찰은 권력 앞에서 '국선변호인' 역할을 하며 충견이라 불리기도 한다. 또한 돈 앞에서는 떡검, 그랜저 검사 등도 있고 최근에는 성검사도 탄생했다. 검사 앞에 불미스런 수식어를 아무거나 붙여도 거의 어울린다.

감사원은 신중에 신중을 기하다 권력의 해가 서산에 걸리면 중요한 감사 결과를 발표한다.

국회는 선거철이 돌아오면 세상의 좋은 정책은 다 쏟아내지만, 그 철만 지나면 한 쪽은 문 걸어 잠그고 한 쪽은 쇠망치로 부수는 아수라장이다. 선거철이면 재래시장으로 양로원을 다니며 별 아양 다 떨지만, 당선되면 빈곤층 의료비 예산은 삭감하고 유유히 외유 떠난다.

법원은 이상한 표장을 달고 다니는데, 그게 저 멀고 먼 나라의 신화에 나오는 '정의의 신 디케'란다. 표장을 모셔 온 근거가 모호하듯 그들의 저울은 권력에 휘청거리고, 돈 앞에 기우러질 때가 많다.

어느 교장의 가정 금고에선 돈다발이 쌓여 있는데, 장학 기금을 모으는 중인지 장학기금을 가로 챈 것인지 아직 정확히 듣지 못했다. 어느 교육감은 장학사 시험문제로 장사를 했다는 혐의를 받고 들락날락한다. 설사 다른 윗물은 흐리더라도 스승님 댁의 물은 맑아야 다음 세상을 기대할 수 있을 텐데…….

이런 일들을 보면 처음에는 너무 놀랍고 기가 차더니, 하도 많이 언론에 쏟아지니 이제 듣기도 지치고 무관심해진다. 그것이 그 정부 들어 큰 공을 들여온 방송통신 정책의 효과인지도 모른다. 이런 수많은 고리가 서로 고리를 물고 물어, 어디서 시작하여 어디서 끝나는지, 어디를 끊어야 되는지 알기 힘들다.

웃물이 맑아야 아랫물이 맑다고 하는데 이런 시대에 누가 맑게 살려고 하겠는가? 정의로운 사람이나 양심의 소리가 없는 것은 아니지만 묻히고 외면된다. 악화가 양화를 구축한다' 는 법칙답지 못한 법칙이 이 사회를 지배하고 있는 것이다. 통계가 보여 주듯 사회 전체가 점점 부패되고 있는 것이다. 일자리 창출로 가야할 돈이 관리의 주머니로 개인금고로 돌고 돈다. 나만 청렴한 체하다가는 바보가 되거나 낙오가 되기 쉽다.

그렇다면 남유럽 국가들이 안고 있는 진짜 문제는 무엇인가? 전문가들은 이에 대한 답을 부패(腐敗)와 사회적 신뢰의 결여에서 찾고 있다. 국제투명성기구(TI)가 발표한 2012년 '국가별 부패지수(CPI)' 에서 덴마크 · 스웨덴 · 노르웨이 등 북유럽 국가들은 모두 가장 투명한 국가군(群)에 들어있다. 이에 비해 재정 위기를 겪고 있는 포르투갈 · 이탈리아 · 그리스 · 스페인 등 이른바 'PIGS' 국가들은 유럽에서 바닥권의 부패지수를 보이고 있다. 특히 그리스는 유럽에서 가장 부패한 나라로 평가된다. 유럽연합(EU)이 실시한 국가청렴도(NIS) 측정에서도 이런 분포는 똑같이 나타난다. 탈세, 공무원 부패, 특수 이익집단과 정치권력 간의 유착관계, 복지 지출 누수 현상 등이 PIGS에서 만연한 현실은 언론 보도에서도 종종 접할 수 있다. 그리스는 취업자 10명 중 4명이 공무원일 정도로 정부 조직이 비대하다. 그런데 많은 공무원이 오후 2시면 자리를 떠나 업무와 관련된 개인 사업을 음성적으로 한다. 그리하여 지하경제가 GDP에서 차지하는 비중이 무려 25%에 달한다.[3]

그리스를 비롯한 소위 'PIGS' 국가들은 종전에는 우리의 부러움의 대상이었다. 그러나 금세기에 와서 처절히 추락하여 세계의 손가락질을 받고 있다. 요즈음 세계 최고의 반면교사감이 아닌가 싶다. 그들의 추락 원인은 과도한 복지에서 기인한다고 하며 우리나라에서는 복지정책에 발목 잡으며 비난하지만, 복지에 앞서 뿌리 깊은 부패가 주된 원인임을 지적함이 많고, 이 지적이 가장 타탕하다고 본다. 그렇다고 무분별하게 복지를 늘리자는 것은 아니다.

누구나 알 수 있듯이 복지에 치중해서 위기가 왔다면 그리스를 비롯한 'PIGS' 국가보다도 복지의 비중이 훨씬 높은 덴마크 · 스웨덴 · 노르웨이 등 북유럽 국가들이 먼저 거덜나야 논리에 맞다. 다시 국가별 부패인식지수를 보면 덴마크 공동 1위(90점), 스웨덴 4위(88점), 노르웨이 공동(85점) 7위이다. 무엇을 증명하는가? 복지를 해도 투명하고 공정한 복지를 하면 북유럽처럼 탄탄하고, 어설프면서도 부패한 복지는 그리스를 비롯한 'PIGS'와 같은 결과를 초래할 수 있다는 것이다. 즉 부패가 남유럽형 복지국가를 부른 것이다.

---

3 전홍찬 부산대 교수, 조선일보, 2013.2.7. A30면

우리나라는 56점으로 스페인(65점)과 그리스(36점)의 중간수준이다. 보통 공무원이라면 거의 평생 만져보지도 못할 관봉이라는 것을 과외한 공무원들이 다발째 주고받는 곳이 이 나라다. 이에 이의를 제기라도 할 수 있을까? 우리도 부패에 조금만 더 방심하면 그리스를 비롯한 남유럽 꼴이 될 수 있다는 경고이다.

매사 금메달 아니면 못 참는 우리나라, 왜 이 부문은 낙제 점수를 맞고도 잘 참을까? 거기에 해마다 떨어지고 있으니…….

내 경우엔 변호사 수입보다 적었다. 더 아껴 쓸 수밖에 없었다. 실제로 청와대 근무하는 동안 그나마 조금 있던 저축을 다 까먹었다. 그러니 고위공직자라 해도 업무외의 생활이야 일반인과 다를 바 없는 게 너무 당연한 일이었다.[4]

참여정부 시절 지방에서 변호사 생활을 하다가 청와대에 불려가 수석비서관 했던 어느 공직자의 회고담이다. 그때는 청백리들이 있던 시절이 있었나 보다. 아마 그들은 직무를 마치고 청와대에서 돌아갈 때 명예와 보람만 가지고 갔을 것이다. 그리 멀지 않은 과거 일인데도 마치 조선시대 청백리들 일처럼 느껴지는 것은 웬일일까? 이제 국민들도 제발 각성해야 한다. 윗물을 맑게 해야 한다.

첫째, 지도자 하겠다고 나오는 사람들의 과거 도덕성부터 잘 봐야 할 것이다. 최고 지도층이 꼼수와 새치기 등 반칙을 너무 쉽게

---

4 문재인, 『문재인의 운명』 가교출판, 2011., 222쪽

하면 그 주변에는 같은 무리들만 모인다. 가장 도덕적인 정권이라고 그들은 떠들었지만 이제 소도 웃지 않을 일이다.

둘째, 뻥튀기 공약에 현혹되지 말아야 한다. 선거만 끝나면 '선거 때 무슨 얘기인들 못하겠느냐' 고 한다. 뻥튀기하는 하는 자들은 습관적으로 뻥튀기하고 과대 포장한다. 그들 얘기대로라면 지금쯤 주머니가 두툼해져야 하는데 날이 갈수록 사는 게 팍팍하다. 공정사회를 입버릇처럼 얘기하지만 그처럼 불공정한 시대도 드물다.

셋째, 패거리 정치를 몰아내야 한다. 고소영이니 영포라인이니 하는 말은 패거리 정치를 상징한다. 패거리에는 항시 부패가 따른다. 소위 명문대와 신성한 종교 및 특정지역이 패거리에 동원되어서야 되겠는가?

넷째, 공사를 구분할 줄 아는 인물을 뽑아야 한다. 공직을 이용해 사익을 챙기고, 직위를 남용하여 공물을 사물화 하는 지도자란, 고객이 맡긴 돈을 제멋대로 중국으로 빼돌리려는 어느 파렴치한 저축은행장이나 다를 바 없다.

정부의 중요 관리를 뽑는 국회 인사청문회에서 진정으로 속과 겉이 멋있는 인사가 몇이나 있었던가? 부정 · 부패 의혹의 몇 관왕이 아니면 어찌 도전이나 하겠던가? 스쳐가는 냄새에도 촉각을 곤두세우는 경찰 · 검찰이 인사청문회에서의 범법 · 탈법 의혹이 수두룩한 이들을 왜 수사하지 않는지, 서로 품앗이 하는 것인가? 그 냄새투성이 인물들이 인사청문회만 거치면 면죄부를 받은 것처럼 행세하나 이는 안 될 일이다. 사실은 다 유권자인 국민이 만든 결과물이다. 그들이 국민을 우습게 본 것이다. 아니 국민인 우리의 수준이 그렇게 만든 것이다. 국민들 스스로가 깊이 반성해야 한다.

다음에는 제발 속과 겉이 좀 멋진 지도자가 많이 나오도록 해야 한다. 유권자들은 눈앞의 이익만 따지지 말고 좀 더 미래와 전체를 보고 뽑아야 한다. 그래서 국민들이 자발적으로 부패도 잡고 스스로 일자리도 늘려가자는 것이다.

차제에 여기서 한 가지 제안을 한다. 국가의 원수이고 행정의 수반인 대통령은 국민이 직접 뽑는다. 그래서 대통령이 되려면 항상 민심에 촉각을 세운다. (물론 당선되고 나면 민심보다는 사익에 우선하는 듯한 대통령도 있었지만…….) 입법기관의 수장인 국회의장은 국회의원들이 뽑는다. 그래서 최소한 국회의원들의 신임을 얻으려 한다. 그런데 사법기관의 수장 대법원장은 국민이 뽑지 않고 대통령이 임명한다. 당연히 임명권자의 의중을 헤아리기 쉽다. 그들 법원의 상징 표장대로라면 그들은 권력과 돈에 눈을 가리고 법에 근거하고 양심에 따라 저울질해야 한다. 허나 이런 참 인물은 임명권자인 맘에 들 리 없다. 그래서 이 나라 디케의 저울은 임명권자의 의중에 따라 흔들릴 수밖에 없고, 진정한 주인인 국민들의 민심은 뒷전이기 쉽다. 권력에 약하고 돈에 어두우니 부패를 근절하기 힘들다.

그래서 대법원장도 당연히 직접이든 간접이든 선거로 뽑아야 한다. 물론 선거의 폐단이 거론될 것이다. 허나 마을의 통장이나 군의원까지도 선거로 뽑는 시대이다. 그런데 국가의 기본적인 작용의 하나인 막중한 사법기관의 수장을 아직도 임명하고 있다는 것은 시대착오적인 일이라고 본다. 반대론자들은 당연히 선진국 사례 운운 하겠지만 선진국들도 보완하여 잘하고 있다.

우리도 이제 대통령이 선언한 선진국이다. 아니더라도 우리가 모처럼 먼저 더 높은 선진국이 되면 된다. 세종대왕은 그 무서운 중국을 따돌리고 세계에서 가장 쉽고도 과학적인 훌륭한 문자 '훈민정음'을 만들어 내지 않았던가? 우리는 그 세종의 후진들이며 창조적인 민족이라는 자긍심을 가져야 한다.

우리의 부패 수준 개선을 OECD 평균 수준을 넘도록 하고, 공정 청렴의 선두를 달리도록 하자. 그러면 저절로 일자리가 늘어난다고 하지 않는가? 일자리 늘리는 것은 쉬운 일이 아니다. 허나 어려운 일도 아니다. 위부터 기본으로 돌아가 원칙을 준수하면 일자리도 저절로 늘고 선진국이 될 것이다.

⊙ 인터넷 카페에서 이어진 댓글들

jeongstice | 대법원장이 그 막강한 권한과 권위에 비해, 선출되지 않은 권력이라는 점에서, 실제로 학계에서도 그에 대한 많은 비판이 있습니다.
예전에 제2공화국에서는 대법원장과 대법원을 일정한 선거인단을 통해 선출하는 것으로 규정한 적도 있죠. 미국에서는 주의 검찰총장도 선거를 통해 선출한다고 하네요.
그나저나 우리나라도 예전보다는 많이 좋아졌지만, 더

욱 부패 없는 깨끗한 나라가 되어야 할 텐데, 아쉽네요.

정** | 어느 세상이나 부패가 없을 수는 없겠지요. 허나 우리 사회에 부패가 심하다는 게 큰 문제입니다. 어느 정도만 해결되어도 그 귀한 일자리가 늘어난다는 결론입니다. 우리나라 검찰총장을 선거로 뽑는 날이 빨리 오기를 기대합니다. 그러면 참으로 멋진 검찰총장이 나타나고 새로운 검찰상이 정립 될 것입니다.

대박 | 우리현실에 꼭 필요한 훌륭한 제안이군요. 특히 인허가, 승인기관 등이 앞장서야겠지요. 싱가포르에서는 공무원 비리를 없애기 위해 그대들에게 최고의 대우를 한다나요?

정** | 우리나라 공무원들이 억지 끗발이 있다면 싱가포르 공무원들은 품위가 있다고 생각합니다. 우리나라 공무원들도 빨리 존경받는 공무원이 되기를 기대합니다. 그 파렴치하게 가렴주구하는 변사또의 후예가 되지 않아야 할 것입니다. 물론 공무원에 대한 대우도 점차 높여야 한다고 생각합니다.
그런데 국무총리실에서 민간인 사찰 불법 과외까지 하면서 챙기는 이 나라. 우리는 언제쯤 폼나는 공무원들은 볼 수 있을까요?

imgok21 | 지당하고 지당하신 말씀.

정** | 민주정권 들어선 후 이렇게 보이는 대로 제 주머니로만 때려 넣는 탐욕으로 가득찬 시대가 있었을까요? 마치 파우스트의 악마의 세상을 보는 느낌입니다.

청맹과니 | 백성을 위해 일하겠다는 분들이 넘쳐나는데 왜 세상은 요 모양일까? TV만 켜면 나라와 국민을 위해 일한다고 나대는 분들이 나온다. 더러는 너무 열심히 일하다가 유치장에도 가신다. 군대는 안 갔는데도 낙하산은 잘 타는 분들이 넘쳐나는 세상이다. 일자리 창출하랬더니 국회의원, 시의원 군의원 줄이자고 하렸더니 일자리 줄까봐 참아야겠네요.

정** | 백성을 위한 본업은 제쳐두고 무리하게 과외에 열중하다보니, 줄줄이 국비 기숙사로 갑니다. 이 나라는 과외가 정치인이나 학생 모두에게 큰 문제지요. 군대도 가보지 않은 분이 무리하게 낙하산을 내려 보내니 거의 엉킵니다. 3인방을 비롯해 줄줄이 포로가 됩니다. 얼마나 포로가 늘어나야 낙하산 행렬이 끝날지…….

일자리 늘려 달라고 했더니 옥상옥이네요. 상전만 자주 늘어나 백성들은 갈수록 허리만 휩니다. 역사는 간혹 후퇴도 하더군요. 조금 참으면 더 좋은 세상이 오겠지요.

10 ▸▸▹

재난 · 사고의 예방 · 관리 인력 확충으로 일자리 창출을

다소 결례되는 얘기 같지만 숭례문을 다시 아무리 잘 지어 놔봐야 그것은 복제품에 불과하다. 역사적 · 문화재적 가치는 거의 없다는 얘기다. 지금에 와서 임진왜란 때의 거북선과 겉모양은 똑같이 하고 내부에 첨단 장비를 장착하여 신출귀몰한 거북선을 만든다 해도 역사적인 면이나 문화재적인 면에서는 당초 거북선과 같은 귀한 가치는 거의 없을 것이다. 또한 레오나르도 다빈치의 모나리자를 컴퓨터를 동원해 거의 같은 수준의 복제품을 만들어 낸들 그 가치는 거의 없을 것이다. 그래서 훌륭한 전통 문화나 문화재는 고이 보존하면서 그 위에 새 문화를 발전 향상 시켜야 하는 것이다.

파리의 센강을 보라. 강 자체만으로는 한강보다 좋다고 보기는 힘들다. 허나 그 강 주변은 거의 역사적인 문화재들로 이뤄져 세계의 명품 강이 되고 있는 것이다. 세계 각지에서 구경꾼이 모이고 가이드의 해설은 쉴 틈이 없다. 그들의 문화 사랑과 문화재 관리는 보면 볼수록, 들으면 들을수록 감탄사가 나온다.

우리 문화재의 현황 및 보존관리는 어떠한가? 많은 문화재가 일제식민지하에서 유린당하고 6.25 전쟁 때 무참히 손실되었다. 그러면 그러한 큰 외환이 없는 근래의 상황은 어떤가?

어느 해 산불이 나 그 유래 깊은 낙산사가 같이 속절없이 사라지고, 또 어느 날 한 인간이 홧김에 불 지르면 국보1호 숭례문도 속수무책 불에 탄다. 저 남쪽의 고색창연한 향일암이 불길에 휩싸여 대책들을 세운다. 이제 끝인가 하면 어느 늦가을 내장사 대웅전이 전소하였다는 TV화면에 가슴이 탄다. 이런 대형 사고가 발생하면 지난 정권 이번 정권, 이 사람 저 사람 책임 공방하다가 꼬리만 잘라내고 끝낸다.

지난날 서울시장 시절 전시행정 등으로, 숭례문 화재 원인에 어느 정도 큰 책임이 있다고 생각되었던 어느 분이, 국민 성금으로 복원하자는 제안을 해 화가 부글부글 끓는 국민들을 어이없게 웃기는 코미디도 연출했다. 책임져야할 사람들이 책임은 지지 않고 국민의 성원만 바라는, 코미디 아닌 코미디만 연출한 것이다.

문화재 등 국가재산 지키는 데는 인력이나 예산은 줄이고 깎고 하지만, 그들에게 미운털 박힌 '민간인 사찰' 에는 관봉 다발을 아낌없이 주고받곤 한다. 그 관봉은 아무개의 세상을 떠난 장인이 내놓고 갔다지만, 그 장인은 사위 잘 둔 덕택에 저승에서도 웃고 지낼 것이다. 만약 그 문화재들이 국가 재산이 아닌 개인 재산이었다면 그들은 위장전입이라도 하여 그 옆에 움을 틀고, 편법 · 불법을 다 동원해서라도 지켜냈을 것이다.

지난해 교통사고, 화재, 산업재해 등 3대 재해에 따른 경제적 손실이 32조 원에 이르고 연평균 사망자도 약 7500명에 달하는 것으로 나타났다. 이처럼 재해 폐해가 심각해지자 정부가 서둘러 예방 대책을 내놓고 국민의 안전의식 개선에 팔을 걷어붙이고 나섰다.

이명박 대통령은 7일 청와대에서 비상경제대책회의를 주재하고 "선진국 문턱에 들어선 우리나라가 경제적 수치 외에 다른 지표는 부끄러울 정도"라며 "선진국 수준에 맞는, 재난、재해에 대한 인식 개선이 필요하다."고 밝혔다. 그러면서 "재난 · 재해에 대한 예방은 생명 중시를 위해서도 필요하므로 정부와 대통령부터 나서서 안전에 대한 인식을 바꿔봤으면 좋겠다."고 강조했다.[1]

이를 보면 한 해 3대 재해 손실이 30조를 넘는다. 30조 원이면 이 정권 기간 내내 갑론을박이 심했던 4대강 투자비용보다 많다. 이 많은 돈이 재해 손실로 사라진다는 것이다. 이 비용의 일부만 예방 · 관리 비용으로 투자하면 일자리도 확충하고 재해도 예방하는 선순환을 이룰 수 있는 것이다.

예를 들어 보자. 숭례문 관리 예산이나 인력을 깎고 줄이는 것만이 능사는 아니다. 여기에 수문장 5명 내외의 인원을 두고 관리

---

1 이진명 · 서동철 · 정석우 기자, 매일경제, 2012.6.8. A33면

한다면 연간 1~2억 원 내외의 비용을 계산할 수 있다. 물론 이 돈이 적은 돈이 아니다. 허나 재 건축비를 300억 원으로 가정한다면 150~300년을 충당할 수 있는 비용이다. 더구나 300억 원을 들인다 해도 그건 복제품에 불과하다는 것이다.

인원을 더 늘려 옛 숭례문 관련 옛 풍물을 연출하여 관광자원을 더 확대할 수도 있다. 그러면 센강가의 파리 시민들이 구경 와서 '쎄시봉(참 좋다)' 을 연발할 수도 있다. 숭례문이 있는 서울을 두고두고 잊지 못할 수도 있는 것이다. 이는 문화재를 보존하고 관광 수입을 올리며 일자리 창출하는 선순환이 이루어지는 일인 것이다.

이와 반대로 생각해보자. 현재 관리와 비슷한 상황이다. 관리 예산과 인원을 깎고 줄인다. 관리 감독이 허술한 틈을 타서, 어느 날 누군가 사회에 대한 불만으로 홧김에 불을 지른다. 속수무책으로 불에 탄다. 많은 인력과 장비를 투입하고 멀리서 금강송을 베어와 재건축한다. 이것도 일자리 창출 실적에 기록한다. 이제부터 관리를 철저히 한다. 관리 비용을 늘린다.

전자는 사전 예방으로 원형을 보존하며 선순환을 이루는 것이고, 후자는 원형을 잃어버리고 복제품을 만들어가며 왈가왈부하는 어이없는 일이다. 무인경비가 지키고 있는 숭례문이 무슨 관광자원이 되고, 보존관리는 제대로 되겠는가?

정부는 재해예방 역량 강화책으로 50인 미만의 사업장의 직 · 반장 등을 안전담당자로 지정해 2014년까지 10만 명의 안전지킴이를 양성할 계획이라고 한다. 행여 현재 그 상태에서 기존 인력에게 완장 하나 더 채워주는 실적 위주의 전시행정을 편다면 악순환은 계속될 것이 뻔하다. 실제 능력있는 직원을 확충하고 장비를 보완해야 현실적인 대책이 되고 일자리 창출까지 이어지게 될 것이다.

나도 종전 금융업종 직장생활 중 책임자 생활을 여러 해 경험하였다. 최 일선인 금융 점포에는 상습적으로 근무인원이 정원보다 한두 명 적게 배정된다. 할 수 없이 규정을 어겨가며 업무를 맡긴다. 예를 들면 경비나 운전이 주 업무인 청경이나 운전직 직원에게, 365관리 등 현금 수반 업무를 암묵적으로 맡기는 것이다. 사고 위험을 알면서도 인력 부족으로 하는 수 없다. 이런 경우 사고가 나면 하소연할 데가 없다. 거의 해당 직원과 관련 책임자 및 사무소장이 뒤집어써야 한다. 인원을 적게 확보하여 적게 배정한 상급부서는 전혀 책임과 무관하다. 오히려 예산 절감 실적에 칭찬받지는 않은지 모를 일이다. 이런 위험한 상태 중에 큰 사고를 당하면 관련자들은 여기서 평생 헤어날 수 없는 수렁에 빠지기도 한다. 아마 여러 직장에서 이와 유사한 행태가 이루어질 것이다. 내 전 직장을 흉보아 출세하자는 것이 아니다. 이와 유사한 모순된 구조를 없애고 상생하는 구조로 만들자는 것이다. 물론 일자리를 늘린다고 능사는 아니다.

지난 9월 경북 구미시 산동면의 어느 공장에서 '불산 누출' 사고가 있었다. TV화면에 나오는 피해 입은 지역을 보면 황금물결이 출렁이어야 할 가을 들판이 으스스한 죽음의 그림자로 뒤덮여 있었다. 뒤늦게 주민들은 피난가고 황량하기 그지 없었다. 이명박 대통령이 지난 비상경제대책회의에서 "선진국 문턱에 들어선 우리나라가 경제적 수치 외에 다른 지표는 부끄러울 정도"라며 "선진국 수준에 맞는, 재난 · 재해에 대한 인식 개선이 필요하다."고 밝힌지 불과 몇 개월 후의 일이다.

사건 발생 후 관련공무원들의 대처와 발표는 극히 안이한 태도로 오락가락하더니 속수무책으로 피해가 커지자, 정부와 행정당국은 사고 발생 8일만에야 중앙재난합동조사단을 현지에 파견해 피해조사에 나섰다. 그리고 급기야 특별재난지역으로 선포했다. 대통령은 "초기 대응이 미흡했던 경위를 밝히고 책임소재를 분명히 하라"고 지시했단다. 사후 약방문이 무슨 효력이 있는지?

미래학자인 미국의 앨빈토플러는 『부의 미래』에서 '기업체나 사업체는 시속 100마일로 질주하고, 소리만 요란한 정부 관료조직과 규제기관은 25마일로 달린다' 고 비유했다. 이어 '미국 식품의약국(FDA)이 새로운 의약품을 시험하고 승인하는데 오랜 시간 동안 가망 없는 병으로 고통 받는 환자들은 기다리거나 또 기다리며, 때로는 세상을 떠난다' 고 했다.[2] 이는 물론 미국의 이야기일 것이다.

우리의 정부 관료조직과 규제기관은 어떤가? 중앙재난합동조사단이 구미 사고 후 첫발을 디딘 8일 동안이면, 설사 느림보 미국 정부 관료조직팀이 25마일 속도로 서울에서 구미를 다녀온다고 해도 수십 번은 왔다 갔다 했을 것이다. 만약 거기서 골프대회를 열고 모이라 했더라면 그 관련 공무원들은 당일 새벽에 만원을 이뤘을 것을…….

---

2 앨비 토플러, 하이디 토플러, 『부의미래』, 김종웅 옮김, 청림출판, 2006. 66~68쪽 참고

기업은 번개처럼 치고 빠지는데 우리 공무원들의 발걸음은 한없이 느리고, 책임은 서로 떠넘기는데 급급하다. 그나마 특별재난지역으로 선포해서 혈세로 선심 쓸 판이다. 대통령은 그 판에 박힌 책임을 묻고 재발방지를 지시하지만, 그 사이에 피해 주민은 시들어 가고 또 다른 큰 사건들에 의해 '언제 그런 일이 있었던가?' 할 것이다.

정부는 막대한 예산을 들인 4대강 사업으로 가뭄과 홍수를 극복했다고 자랑하여 왔다. 거기에 농업인들은 몇 차례의 태풍까지 극복하며 결실을 기다리고 있었다. 허나 이렇게 재난에 무방비하고 거기에 늦장까지 피우면 여태 공들인 게 한꺼번에 사라지고 만다. 거기에 재난을 복구하느라 또 막대한 비용을 지불할 게 뻔하다.

정부는 이 '구미 불산 누출 사고'와 관련한 1차 피해복구비로 292억 원을 지원하기로 했단다. 이게 1차라 하니 얼마나 늘어날지 모를 일이다. 이 1차의 0.1%인 3천만 원만 정부나 그 해당 기업이 연간 예방 · 관리비로 사용했더라면 일자리도 안정되고 위험도 줄일 수 있었을 것이다. 호미로 막을 것을 가래로 막는 격이다.

물론 재해를 사전에 감지한다는 것은 쉬운 일은 아니다. 허나 주변에 위험 요소가 널려 있는데 방치하는 게 문제다. 늘어나는 재난방지에 체계를 세워야 한다. 그리고 재난예방과 관리에 전문인력은 물론 보조 인력도 적정히 확보해야 한다. 무엇보다도 체계적인 사전 예방이 최선이다. 설사 재난이 일어나더라도 우왕좌왕 회의하며 책임 떠넘기고, 세금으로 때우고 '다음에는 재발하지 않도록 말로만 특별대책을 세우는 일'은 제발 그만해야 한다.

우리는 주변에서 안전에 위급한 상황이 생겨 119에 신고하면, 신속하게 달려와 일사불란하게 처리하는 것을 보고 신뢰와 감사를 느낀다. 큰 재난을 만났을 때 이와 같은 체계를 만들어 보자는 것이다.

앞서 3대 재해로만 연간 30조 원이 사라진다고 했다. 이중 1/3인 10조 원만 예방과 대처를 위한 고용비용에 투자한다면, 월 88만 원보다 훨씬 양질인 연봉 2천만 원 내외의 50만 명 고용을 창출할 수 있다. 이러한 선순환이 이루어지면 내수의 진작으로 또 일자리가 늘어날 것이다. 줄이고 깎아서 막대한 손실을 내고 국민들에게만 고통을 전가시키지 말아야 한다. 그런 식으로 기업은 벌어가고 국민은 뒤치다꺼리하는 관행도 차단해야 한다.

먼저 중요한 것은 사전 예방 · 관리다. 적절한 대응으로 재해를 사전에 예방하고 일자리도 늘리는 선순환을 이루자. 재해를 사전에 예방하는 것을 최선 대책으로 하고, 재해가 발생했을 때도 즉각 대응할 수 있는 체계가 이루도록 하자.

11 ▶▶▷

진정한 '문화융성' 으로 온 '국민행복' 을

그날 나는 외출을 준비하면서 TV를 보고 있었다. 박근혜 대통령이 취임하는 날이었다. TV는 박근혜 대통령이 취임식장으로 이동하는 상황을 보도하고 있었다. 새 대통령은 저택을 나와 주민들과 덕담을 나누고 먼저 국립현충원으로 향했다. 아마 관례적인 일이려니 하면서도 눈은 계속 그이의 행로를 따라갔다. 그이는 현충원 참배를 마친 뒤 방명록에 '경제부흥 · 국민행복 · 문화융성으로 희망의 새 시대를 열겠습니다' 는 메시지를 남겼다. 그중 '문화융성' 이라는 문구에 관심이 갔다.

경제부흥 · 국민행복은 당연한 주제어로 기대할 수 있었지만 '문화융성' 이라는 메시지는 매우 의외적인 일이었다. 3박자 구색 맞추느라 그랬겠지 하는 의구심이 일기도 했다. 그리고는 외출로 인하여 취임식 중계도 보지 못했고, 저녁 뉴스와 다음날 신문을 통하여 취임식 소식을 많이 접할 수 있었다. 그런데 거기에도 문화융성은 경제부흥 · 국민행복과 함께 핵심 주제어였다. 그때서야 '아~ 드디어 문화를 중시하는 대통령이 탄생했구나' 하는 생각을 가질 수 있었다.

문화란 용어는 범위나 정의를 하기에는 다소 애매하고 어려울 수 있다. 인터넷의 네이버 국어사전에는 문화란 '자연 상태에서 벗어나 일정한 목적 또는 생활 이상을 실현하고자 사회 구성원에 의하여 습득, 공유, 전달되는 행동양식이나 생활양식의 과정 및 그 과정에서 이룩하여 낸 물질적 · 정신적 소득을 통틀어 이르는 말로, 의식주를 비롯하여 언어, 풍습, 종교, 학문, 예술, 제도 따위를 모두 포함한다' 고 정의하고 있다.

내가 가지고 있는 새 우리말 큰사전에는 '문화란 인류가 모든 시대를 통하여 학습에 의해서 이루어 놓은 정신적 · 물질적 일체의 성과. 의식주를 비롯하여 기술 · 학문 · 예술 · 도덕 · 종교 따위 물심양면에 걸치는 생활 형성의 양식과 내용을 포함함. ↔ 자연' 이라고 서술되어있다.[1]

문화의 정의는 다른 사전에도 크게 다르지 않다. 이를 보면 문화란, 자연 상태가 아닌 인간의 입김과 발길만 스쳐도 문화는 형성이 되는 것이다. 경제는 물론 과학기술, 먹고 자는 것 모두 광의의 문화 범주에 들어가는 것이다. 그래서 '문화 융성' 에서의 문화란 좀 더 협의로 해석하고 구체적으로 풀어나가야 할 것 같다.

좁혀 말하자면 '문학 · 예술 · 체육 · 오락 등과 같이 물질적인

---

1 신기철 · 신용철, 『새 우리말 큰 사전』, 삼성출판사, 1985, 1248쪽

충족보다는 정신을 고양시키고 심신의 만족을 주는 분야' 정도로 봐야할 것이다. 이 구분 또한 쉽지는 않다. 일단 이렇게 범주를 좁혀 볼 때, 우리 경제의 외환위기 이후 최근까지 문화 분야는 매우 침체되었고, 그 가라앉은 분위기는 쉽게 일어나지 못하고 있다. 당연히 문화산업에 종사하는 다수가 한숨을 쉬며, 이제나 저제나 하고 있는 현실이다.

그 와중에 새 대통령이 '문화의 융성'을 핵심 가치로 들고 나왔으니 반갑지 않을 수 없다. 물론 우리나라는 체육 분야에서 금메달 강국에 들어섰고, 피겨의 여왕 김연아 선수나 여자 골프를 비롯한 여러 운동선수들이 세계의 정상을 다투고 있다. 또한 예능 분야에서 한류의 붐과 함께 '싸이' 가수가 '강남스타일'로 세계를 흔들흔들 하게 하는 등 케이팝이 선풍을 일으키고 있다. 또한 김기덕 감독은 「피에타」로 세계 영화무대에서 황금사자상을 잡아 오기도 했다. 이렇게 우리의 문화 분야의 활약과 진출은 눈부실 정도다. 그런데도 문화분야의 종사자들은 한숨을 쉬고 있다니 믿기지 않을 것이다. 하지만 사실이다. 많은 예술가들이 생활고에 아우성이다. 근래 굶주림 때문에 이 땅을 떠나간 어느 시나리오 작가가 이를 대변하고 있는 듯하다.

이렇게 문화 분야의 겉은 화려한데 실상은 왜 이럴까? 먼저 다른 분야나 마찬가지로 문화분야에서도 승자독식 및 양극화 현상을 들 수 있다. 각고의 노력 끝에 정상에 올라서면 대중의 사랑을 독차지하고 광고시장까지 휩쓸지만, 여기에 끼지 못하면 거의가 파리 날리는 신세가 되고 만다. 세계 문화무대의 정상에 선다는 것은 매우 어렵고도 훌륭한 일이다. 그렇지만 저변확대 및 문화의 생활화는 그에 못지않게 중요한 것이다. 마치 나라의 경제는 수출과 내수가 같이 뒷받침되어야 튼튼한 것과 같다.

둘째, 문화의 소비층이 취약하다. 근래에 중산층의 몰락으로 문화를 즐길만한 두꺼운 한 층이 사라져 버린 것이다. 아래 기사는 근래의 이러한 실상을 그대로 보여준다. 글쓴이는 이를 '화가들의 춘궁기' 라고 했다. 춘궁기야 서너 달 지나면 햇곡식이 나오니 희망이 있지만, 현재의 문화계 속내는 언제 춘궁기가 끝날지 암담하기만 하다.

"수중에 돈이 없으니 병원 가기도 무섭대요."

서울 충무로에서 20년 가까이 전시 도록을 제작해 온 강홍남 씨(가명 · 47). 명색이 해외 아트페어도 참여하는 설치 작가다. 그는 최근 머리가 으깨질 듯한 통증에 시달렸지만 병원에 갈 엄두를 내지 못했다. 호주머니에 달랑 5만원밖에 없었기 때문이다.[2]

소수의 문화분야 석권으로는 세계에서 대한민국의 브랜드 가치를 높여 부가적인 이득을 볼 수 있을지 몰라도, 그 한 편만으로는 새 대통령이 내세우는 대한민국의 문화융성을 이룰 수 없다. 중산층을 살리는 한편 건전한 문화 소비를 장려하는 정책을 펼쳐 문화산업을 부흥시켜야 한다. 그리하여 문화생활과 문화산업 자체가 경제 부흥의 한 축이 되고, 문화 참여가 국민 행복의 큰 요소가 되어야 한다.

---

2 이향휘 기자, 『화가들의 춘궁기 』, 매일경제, 2013.4.27.A30면.

나는 근래 일상생활에서 즐거운 문화생활을 하는 어느 현장을 봤다. 지방의 어느 한 농민 단체장 이 · 취임 행사를 통하여 문화생활 현장을 가본다. 이임하는 그곳 단체장의 이임사 일부다.

우리 농민들이 고된 일의 피로를 풀기위해서 만들었던 문화체험 사업 생각납니까? 우리가 맨 처음에 보았던 영화가 뭐였지요?

우리 70년도에 우리 부모님들의 가장 큰 농가 재산이었던 소달구지를 추억으로 회상시키고, 고된 일로 농촌노인의 얼굴과 손이 찌들었던 영화 '워낭소리'를 보았지요. 가슴이 찡하고 우리농촌 현실을 되돌아보는 계기가 되었을 것입니다.

우리가 뮤지컬은 뭘 보았지요? 대전 예술의전당에서 '맘마미아'라는 뮤지컬을 보았지요. 음악이 흔쾌했고 스토리가 매우 좋았습니다. 함께 일어나 어깨에 서로 손을 얹고 덩실덩실 춤을 추었습니다.

그 뮤지컬이 끝나고 한 회원 부인이 저에게 이런 말을 하더군요. "회장님 이런 뮤지컬까지 보게 해 주셔서 정말로 감사합니다. 저는 지금 가장 행복합니다. 왜냐고요, 우리농촌으로 시집와서 잘 살고 있으며 저의 신랑을 진심으로 사랑합니다. 제가 이렇게 농촌으로 시집을 오지 않았더라면, 어떻게 좋은 영화를 보고 음악회를 가보며 이런 뮤지컬을 볼 수 있겠습니까?" 하면서 자기 남편에 팔짱을 끼면서, 정말 사랑하고 고마워하는 모습을 보고 저는 가슴이 뿌듯했습니다. 우리농촌도 이러한 문화생활을 같이 누림으로써 그 힘들었던 몸과 마음의 피로가 다 가시는 것 같았습니다.[3]

---

3 한국농업경영인대전광역시연합회 백석환 회장 이임인사 중에서, 2013.1.29.

이들은 일할 때는 평소 남들보다 열심히 하고, 짬을 내어 문화생활을 즐기고 있음을 엿볼 수 있다. 위의 한 회원 부인의 말처럼 일상에서 문화생활을 곁들임으로써 행복한 생활이 영위되는 것이다. 만약 이 작은 문화생활이 없었다면 이런 행복을 느낄 수 있었을까? 아마 그 회원 부인은 이렇게 생각했을 수도 있을 것이다.

"농촌으로 시집와서 이게 뭐냐? 내가 일만 하는 기계냐, 밥만 먹는 짐승이냐? 요즘 세상에 밥 세끼 못 먹고 사는 인간이 어디 있어. 아, 나는 불행해"라고.

그러나 여기서 문화생활은 일상에서 비중이 작지만, 생활의 활력소가 되고 행복의 비타민이 되는 것이다.

그들은 그날 이 · 취임식 행사에서도 유관단체장과 공로인에게 감사인사와 공로기념품으로 예쁜 그림을 전달함으로써, 이를 받은 이들이 즐거워하는 이색적이고 창조적인 문화행사를 곁들이고 있었다.

〈공로기념품으로 예쁜 그림을 선사하며 즐거워하고 있는 이색적이고 창조적인 행사〉

나는 이렇게 생활 속에 녹아있는 문화를 즐기라고 얘기하고 싶다. 공연이나 영화는 귀부인들만 즐기는 것이 아니다. 농장에서 열심히 일하고 간혹 주말에 짬을 내어 공연이나 영화를 즐긴다면 얼마나 즐겁고 멋진 일이냐? 노래방에 가서 애창곡을 열창하고 기분을 내는 것도 심신을 상쾌하게 하리라.

꼭 비싸거나 유명한 화가의 그림이 아니어도 좋다. 아이가 학교에서 그려온 그림을 액자에 넣어 벽에 걸어 봐라. 여태 고급 벽지로 도배되어 무게만 잡고 있던 벽이 이야기를 시작한다.

나의 처가에는 혼자 계시는 장모님은 액자에 자녀들 가족사진을 넣어 거실과 방의 벽에 군데군데 걸어 놨다. 객지에서 생활하느라 모두 떨어져 살지만, 사진 액자 속의 가족들과 틈틈이 대화하실 것이다. 나도 처가에 가면 내 아이들 어린시절 귀여운 사진이 걸려있어 갈 때마다 다시 봐도 추억을 더듬을 수 있고 재미있다. 파리의 루브르 박물관에 웅장한 유물과 역사가 있다면, 장모님댁 벽에는 아기자기한 사진과 가정사가 있다. 이렇게 문화가 따로 있는 것이 아니라는 얘기다. 거기에 다소 멋진 그림이나 작품사진을 벽에 걸면 집안의 분위기가 바뀌고 폼이 나기도 할 것이다.

멋진 플레이를 하는 최고의 스타선수들의 활약은 볼만 하고 만족감을 준다. 그러나 더 중요한 것은 내가 직접 참여하는 것이다. 일과를 마치고 부부가 주변산책이나, 자전거로 농촌길을 달릴 수도 있다. 점심 후 잠시 앞마당에서 배드민턴이나 주말에 등산을 해도 좋다. 이렇게 직접 참여하는 것은 심신에 활력을 주고 행복감을 배가 시킬 것이 틀림없다.

문화는 높고 멀리 있는 것이 아니다. 더욱 어렵기만 한 것은 아니다. 우리가 흥얼거리는 '아리랑' 이 흥겨운 음악문화요, 우리가 즐겨먹는 김치찌개와 비빔밥이 훌륭한 음식 문화다. 벽에 붙인 내 아이 그림이 그림문화가 되고, 외할머니의 옛이야기가 구전문화가 된다. 우리가 일상에서 쓰고 있는 한글은 세계 최고의 문화유산일 것이다.

이렇게 생활 속에 녹아 있고 모두가 참여하는 문화일 때, 문화융성이 이루어질 것이다. 세계적인 웅장하고 화려한 문화도 좋다. 이의 저변에는 크고 작은 수많은 문화가 살아 있어야 한다. 개개인이 모두 문화 생산자이고 소비자인 것이다. 정책적으로도 생활 속의 문화를 더욱 활성화하여, 모두가 참여하는 문화융성으로 경제부흥에 기여하고 진정한 국민행복이 이루어지기를 간절히 고대한다.

12 ▸▸▹
편 가르기, 이제 그만 좀 하시라

흑인의 자식으로 태어나면 당연히 또 노예가 되었다. 그것은 그 세상의 기준이었고 상식이었다. 피부색 하나만으로도 그들에게 절대적인 숙명을 결정지었다. 바로 민주주의가 세상에서 가장 발전한 나라 미국의 불과 150여 년 전 이야기다.

이 간단한 기준과 상식을 바꾸려고, 같은 하느님을 믿는 한 나라의 국민 간에 남북으로 나뉘어 수년간 전쟁을 치르면서 서로 많은 피를 뿌려야 했다. 이 상식 이하의 상식을 바꾼 링컨 대통령은 세계 역사상 가장 위대한 한 인물로 추앙받고 있다. 물론 위대한 그 대통령도 한꺼번에 다 바꾸지는 못했던 것이다. 흑백이 바로 평등해지지는 못했다. 거의 평등해지기는 또 100년 이상의 세월이 요구되었다. 가장 앞서간다는 그들도 많은 시행착오와 대가를 치러야 했다. 그 결과 지금은 흑인도 대통령이 될 수 있고, 노예의 후예가 퍼스트레이디가 될 수 있는 세상으로 기준과 상식이 바뀐 것이다.

우리가 사는 이 땅의 백성들은 외세의 침략과 동족상잔 등으로, 너무 많은 피를 흘렸고 상처가 깊었다. 아직까지도 그 상흔이 많이 남아 있다. 단일민족을 자랑하는 우리는 근세기에도 일제 식민지시대를 거치면서 친일과 항일로 갈라져서 총부리를 겨누었고, 한국전쟁을 치루면서 좌와 우로 나뉘어 너무나 많은 피를 뿌렸다. 그 이후에 독재 권력과 민주 세력의 대립 등 갈등은 끝이 없었다. 거기에 정치인들은 영남과 호남의 대립에 부채질을 해댔다. 그 산하의 민초들은 큰 힘 따라 바람 부는 대로 숨죽이며 회색 지대를 살아야 했고, 눈치껏 줄을 서야 했다.

이제 일본이 패망하고 광복을 맞은 지가 환갑을 훨씬 넘었고, 한국 전쟁이 끝난 지 환갑이 되어간다. 그런데 아직도 친일청산을 외치지만 메아리에 그치고, 좌우의 대립은 수그러들 줄 모른다. 오히려 정치인들은 선거철만 되면 이를 이용해 편을 가르고, 좋은 자리 차지하기에 민생은 뒷전이다. 언론은 중재나 화합보다는 여기에 부채질하며 자신들의 먹거리 찾기에 여념이 없다.

이렇게 편 가르기에 여념이 없는 사이에 중국은 고구려 역사가 자기네 변방사라고 조작하고, 우리의 맹방이라 굳게 믿고 있는 미국 의회까지 동조하려는 마당에 있다. 일본은 일본대로 세계지도에서 동해를 지우고 일본해로 바꿔가며 독도를 자기네 땅이라고 우기고 있다. 거기에 북녘에서는 연이은 도발과 벼랑 끝 발언으로 한반도의 불안을 키워 세계의 이목을 집중시키고 있다. 그 와중에 대통령은 느닷없이 독도를 다녀오고 뜬금없이 연평도를 다녀와,

좌충우돌 갈등은 커지는데 해법을 내놓지 못해 국민들은 불안해 한다.

나라는 막강한 부자나라가 되었지만 대다수 국민들은 살기 힘들다고 아우성이다. 다른 한편으로는 OECD 최고의 자살률과 자살증가율을 보이는 나라이다. 잘만 태어나면 태어나자마자 아무 일 하지 않아도 천문학적인 부를 누릴 수 있으나, 아직 부를 축적하지 못한 많은 약자들은 이제 아무리 일을 해도 전세값 하나 제대로 마련하기 힘들다. 약자의 99%가 1%의 강자를 위해 살고 있는 셈이며, 이 약자들은 그 가난을 대물림해야 할 처지에 놓여있다. 이것이 지금 우리가 살고 있는 이 땅의 현실이다. 이는 마치 지난날 미국의 노예제도만큼이나 비상식적이다. 나는 이를 '자본주의 신노예제도' 라고 규정한다.

이대로는 희망이 없다. 화합으로 통합을 이뤄야 한다. 친일과 반일, 좌와 우 등 과거와 이념의 벽을 넘지 못하면 우리는 통합을 이룰 수 없다. 이제 와서 잘잘못을 따져 단죄하기에는 너무 늦었다. 그렇다고 그대로 묻고 가자는 것도 말이 안 된다. 그리고 빈부 양극화의 폐해도 기필코 개선해야 한다.

이에 관련해 몇 가지 제안을 한다. 먼저, 지금까지 친일 후손들이 비교적 우월한 입장을 누려왔다. 그들은 우리 역사에 빚을 진 것이다. 이 빚을 덜어야 한다. 그들이 중심이 되어 뜻을 모아 과거 선대의 과오를 사과하고 화합을 도모하자는 것이다. 한 예로 '민족번영재단(가칭)' 을 만들고, 선대 독립운동으로 어려움에 처한 후손 지원 및 국가유공 후손들을 지원하는 방법으로 미래 화합을 열어가는 일이다. 꼭 이런 형태는 아니더라도 어떤 형태로든 선대가 저지른 친일행적의 과오를 사과하고 포용하는 계기를 만들어야 한다. 이로써 불행한 과거사를 청산하고 화합을 이루어야 한다.

둘째, 좌와 우로 나뉘어서 편을 가르는 행위를 지양해야 한다. 남북으로 대치한 우리의 현실은 아직도 이념을 무시할 수는 없다. 그러나 어떻게든 화합해야 하고, 나아가서는 통일을 이루자는 데는 큰 이견이 없을 것이다. 정치지도자들부터 이념으로 편 가르는 것을 지양하고 통합을 이뤄야 한다. 이념의 편향으로 폐해가 있다면 법으로 판단할 일이다. 그동안 법의 오판으로 아직도 많은 상흔이 있음을 유념하면서 이제는 이념을 빌미로 편 가르는 무리부터 단죄해야 한다.

셋째, 독재 잔재의 해결이다. 과거 독재정권의 폐해는 가해 당사자들이 반성 사과하고, 당사자들이 없다면 현 정부가 안아서 풀어야 한다. 가해자 당사자들은 진정한 반성이 없는데, 그 뒤 권좌에 오른 후대 정권은 그 독재 피해자들의 동의도 없이 자비의 미소를 지으며 가해자들에게 용서를 남용했다. 후대 권좌에 오른 정권, 이는 피해자들의 헌신과 희생의 산물이었다. 권력을 잡은 정권은 권력의 단맛에 어제의 동지인 피해자들의 슬픔은 묻어버린 것인가? 이것은 좋은 용서가 아니다. 이것은 진정 잘못된 용서다.

'당신은 끝났지만 나는 끝나지 않았소.' [1]

---

1 영화 『26년』의 한 대사

당시 계엄군으로 참가해 가해자로서 극심한 트라우마에 시달리는 한 피해자가 그 들의 원흉을 향해 총을 겨누며 절규한다. 26년이란 세월이 흘러도 피해자들의 그 큰 상처는 아물지 않고 오히려 대물림해 가고 있는 것이다. 영화에서도 그들의 삶이 저렇게 처절한데 현실은 얼마나 더 가혹할까?

가해자들은 제 발톱 밑의 눈곱만한 상처도 크게 아파하고 감싸면서도, 피해자들의 형언할 수 없는 상처는 이미 끝난 일이라고 너무나도 가볍게 생각한다. 가해자들의 진정한 사과나 반성, 또는 정상적인 단죄가 이루어지지 않고는 피해자들의 상처는 오히려 깊어가고, 가해자들은 지속적으로 우리사회의 질서를 교란시킬 뿐이다.

끝으로, 양극화의 통합이다. 부자 감세 등 성장 위주의 정책만으로는 일자리를 늘릴 수 없고 서민 경제는 더욱 어려워진다는 것이 증명되고 있다. 바로 우리나라의 현실이기도 하다. 그동안 우리는 민주 자본주의를 바탕으로 큰 성장과 발전을 해왔다. 그 가운데 승자독식현상으로 인한 양극화는 이런 상태로 자본주의가 지속할 수 있을까 하는 의문을 다수가 갖도록 만들었다.

오늘날 우리가 알고 있는 자본주의가 향후 몇 세기 동안 계속해서 존속할 수 있을까? 우리는 그럴 가능성이 지극히 낮다고 본다.[2]

위 글을 쓴 저자를 비롯한 많은 사람들이 현재의 자본주의에 회

2 세바스티안 둘리엔 외 2인, 『자본주의 고쳐쓰기』, 한겨레출판(주), 2012, 209쪽

의를 품듯이, 나 또한 현재의 승자독식의 자본주의가 그리 오래 지속하지 못할 것이라고 본다. 그 대안으로 북유럽의 사회적 자본주의가 비교적 순항하고 있음을 볼 수 있다.

핀란드는 WEP(세계경제포럼) 국가경쟁력 평가결과 수년간 세계 1위를 하였다. 그런데 최근 그 나라 경제의 큰 비중을 차지하고 있는 노키아가 추락하면서 핀란드 국가도 함께 나락으로 떨어질 것으로 짐작했다. 물론 그로 인하여 상당한 어려움이 있었다. 그러나 최근 자료를 보면 그들은 빨리 제자리를 찾아가고 있다. 국가경쟁력 역시 여전히 상위권을 유지하고 있다. 그 전 『핀란드가 말하는 핀란드 경쟁력 100』을 얘기하는 '일까 따이빨래' 박사는 "크고 작은 창안들이 핀란드를 만들었다."고 요약하고 있다.[3]

그 내용에는 '미래위원회' 등 다소 거창한 이야기로부터 '여성 10킬로미터 달리기' 등 아주 일상적인 것까지도 그들은 국가경쟁력으로 내세우고 있다. 이렇게 핀란드는 크고 작은 경쟁력으로 저변이 매우 튼튼하다는 얘기다. 그들은 현재 행복지수도 상위권이다. 우리 국민들이 올림픽 금메달에 매달려 올림픽 기간 내내 행복에 겨워 잠 못이루다가 일상으로 돌아오면 우울해지는 것에 비하면 매우 의아스럽지 아니한가?

특히 몰락한 노키아 때문에 핀란드 경제가 큰 타격을 입을 것이라는 예측이 나왔지만 실제 결과는 반대였다. 최근 3년간 핀란드

---

3 일까 따이빨래, 『핀란드가 말하는 핀란드 경쟁력 100』, 조정주 옮김, 비아북, 2010, 9쪽

는 연평균 2.1%씩 성장해 유로존 평균(0.9%)을 크게 웃돌았다. 여기에는 핀란드 정부의 효과적인 창업지원정책도 보탬이 됐다.[4]

나의 주장과 맥락을 같이 하는 어느 언론의 보도이다. 우리도 핀란드처럼 이렇게 국민 전체가 고루 즐겁게 참여하는 통합의 사회를 만들어가야 한다.

1998년 세계 1위 휴대전화 회사였으나 스마트폰 혁명 와중에 몰락한 노키아. 국내총생산(GDP)의 4%를 차지하던 노키아의 추락으로 핀란드 경제 전체가 위기를 맞은 게 수년 전이다. 역설적이게도 노키아가 망한 덕분에 오히려 핀란드 경제가 새로운 활력을 갖게 됐다는 자본시장연구원 보고서가 눈길을 끈다.

노키아가 1만5000명에 달하는 대규모 구조조정을 단행하는 과정에서 퇴직 연구개발(R&D) 인력들을 중심으로 300개 이상 새로운 기업이 탄생해 핀란드가 벤처 · 중소기업 중심 경제로 거듭났다는 것이다. …(중략)…

현재 핀란드는 반부패지수 1위, 글로벌 경쟁력 3위, 국민소득 4만5500달러의 굳건한 성장기조를 유지하고 있다. 그 배경에는 혁신과 창업을 독려한 정부의 역할이 결정적이었다.[5]

이어지는 핀란드에 대한 최근 언론의 보도이다. 핀란드의 국내

---

4 매일경제, 2013.3.6. A10면

5 매일경제, 2013.3.20. 사설

총생산의 가장 큰 비중을 차지했던 노키아의 추락으로 경제 전체가 위기를 맞았는데, 역설적이게도 노키아가 망한 덕분에 오히려 핀란드의 경제가 새로운 활력을 찾았다는 얘기다. 대기업이 추락하자 수 백개의 벤처 · 중소기업 중심 경제로 거듭났기 때문이라는 것이다.

핀란드의 노키아 추락은, 대기업 중심에서 벗어나지 못하는 우리경제의 위험성에 대해 반면교사의 역할을 충분히 하였다. 이제 핀란드는 정부를 비롯해 온 국민이 우리의 스승 역할을 하고 있는 중이다. 그들의 크고 작은 '핀란드 경쟁력 100', 반 부패지수 1위, 글로벌 경쟁력 3위, 국민행복지수 상위 등 다 우리의 스승감이다.

우선 지난 2000년 벤처 열풍 때와 같이 경험도 없이 대학을 갓 나온 청년들에게 묻지마 식 돈을 퍼주고 사업하라는 것은 밑 빠진 독에 물 붓기다. 차라리 삼성전자 LG전자 현대차 출신 경험 많은 중견 기술자들이 창조경제 주역이 되게 해야 앞이 보일 것이다.[6]

이어지는 글이다. '물론 묻지마 식으로 돈을 퍼주고 사업하라는 것'은 당연히 지양해야 할 일이다. 그렇다고 '삼성전자 LG전자 현대차 출신 경험 많은 중견 기술자들이 창조경제 주역이 되게 해야' 한다고 주장하는 것은 뭔가 앞뒤가 맞지 않는다. 대기업들에게 듣기 좋은 얘기가 아닐까? 이는 마치 지난날 노키아가 잘 나갈

---

6 앞 신문 사설

때, '노키아 당신들이 이번 창조경제의 주역이 되시오' 라는 것과 같은 말이기 때문이다.

다시 얘기하지만, 노키아가 추락하여 야기되는 것과 같은 대기업의 독식으로 일어나는 만일의 큰 재난을 예방하기 위해 미리 참신한 수많은 벤처·중소기업을 육성하여 경착륙하도록 하자는 것이다. 그리하면 자연히 양극화가 완화되고 국민행복지수도 올라갈 것이다.

그동안 우리는 편 가르기에 너무 길들여지고 타성에 젖어 있었다. 말을 배우기 시작하는 아이에게 '아빠가 더 좋으냐, 엄마가 더 좋으냐' 며 황당하게 편을 가른다. 이 작은 나라에서 기초자치단체장까지도 한쪽 편의 옷을 입고 나와야 당선이 되는 현실이다.

안 그래도 우리는 역사적으로나 사회적으로 편 가르기의 피해자들이다. 일제강점의 굴욕 하에서는 친일과 항일로, 한국전쟁을 겪으면서는 좌와 우로 갈라져 사생결단을 해야 했다. 그 뒤 독재와 민주의 대립 또한 큰 갈등이었다. 산업화가 되고 경제가 규모화 되면서 승자독식에 의한 양극화 현상은 이제 종착역에 온 느낌이다.

앞으로 우리가 이런 극심한 편 가르기를 벗어나지 못하고, 갈등을 치유하지 못한다면 미래가 없다. 어떻게든 편 가르기를 지양하고 갈등을 치유하여 앞으로 나가야 한다.

13 ▸▸▹

'100% 국민 대통합' 의 새 시대를

룰라 대통령의 눈부신 성공은 브라질이라는 한 국가를 넘어 지도자들의 독재와 부패, 망명 등 부정적 유산으로 얼룩진 남미 정치사를 새로 썼다는 점에서 크게 주목받고 있다. 그의 인기를 '신성불가침' 수준으로 만든 요인은 견실한 경제 성장과 빈곤 해소, 그리고 국가 위상 높이기 등으로 요약된다. [1]

우리는 몇 해 전에 퇴임한 브라질 룰라 대통령을 기억한다. 그는 브라질 역사상 최초로 좌파 대통령으로 당선되었다. 그의 목표는 좌파의 승리가 아니었다. 그것은 독재와 부패 등 부정적 유산 척결, 견실한 경제 성장과 빈곤 해소 등 그야말로 가장 상식적인

---

1 한겨레, 2010.9.16.

업적을 견실하게 쌓은 결과인 것이다. 그리하여 퇴임 시에도 80% 이상 국민들의 지지를 받았다. 그것은 룰라 대통령의 개인 업적을 넘어 브라질 국민의 승리였다. 온 세계가 과거 후진국이었던 브라질을 이제 경외의 선진 브라질로 다시 보는 것이다. 우리도 앞으로 이렇게 온 국민을 승리로 이끌 지도자가 나오기를 기대하는 것이다.

여론 조사 기관 조사에 따르면 지난 3월을 기준으로 브라질 국민의 77%가 호세프 대통령을 지지했다. 지난해 12월 지지율 72%에서 더 상승한 모습이다. …(중략)…

여론 조사에 따르면 응답자의 50%가 정부의 빈곤 실업 대책에 호감을 표했다. 반면 인플레이션 관리 정책과 금리인하에 대해서는 미흡하다고 답했다.

또한 호세프 대통령의 부패 척결에 대한 강한 의지가 국민의 지지를 이끈 것으로 보인다. 브라질 정부의 부패 문제는 룰라 전 대통령도 해결하지 못했다. 하지만 호세프 대통령 취임 1년째 7명의 관료가 부정부패로 사임했다.[2]

룰라 전임 대통령의 지지를 받으며 브라질 최초 여성 대통령이 된 호세프 대통령도 임기 중 전임 대통령 못지않게 국민들의 지지를 받고 있다고 한다. 이번에도 큰 화두가 역시 빈곤실업대책 및 부패척결이라는 점은 우리사회에 암시하는 바가 크다. 집권 3년

---

2 뉴스1, 『브라질 최초 여대통령 호세프, 전임 룰라를 뛰어넘는 인기…』 2012.4.5.

차로 접어든 호세프 대통령의 지지율은 80%에 육박하고 국정 운영을 잘한다는 평가는 60%를 넘는 것으로 보도되고 있다.[3]

"종북주의자들이 국가안보를 흔들고 거짓 선동가들이 국정을 유린합니다. 이들에게 어떻게 나라를 맡길 수 있겠습니까."

이 문구는 지난 대선 때 나에게 온 문자메시지 중 일부다. 그래도 나는 그들이 말하는 종북주의자를 찍었다. 그 종북주의자가 우리에게 더 행복을 줄 것 같았기 때문이다. 그렇다면 나도 '종북주의자' 일까?

아니다. 나는 북한 주민을 동포로 생각하고 같이 잘 살기를 바라며 통일을 염원한다. 반면 북한의 3대 세습이나 독재는 매우 증오한다. 이래도 내가 종북주의자일까? 문재인 후보를 비롯한 그를 지지했던 사람들 모두 종북주의자가 결코 아니다.

"50%대의 지지로 신승(辛勝)하나, 5년 후 80~90% 이상의 지지를 받으며 떠나는 대통령을 그립니다."

이 문구는 문재인 후보에 대한 응원글로, 그의 홈피와 트위터에 필자가 올려놓은 글이다. 하지만 결과는 박근혜 후보가 51.6%의 지지를 얻고 신승했다. 나는 이제 박 당선인이 5년 후 80~90% 이상의 지지를 받으며 떠나는 대통령이 되길 기원한다. 그것은 쉬운 일이 아니다. 그렇다고 결코 어려운 일도 아니다. '100% 국민통합과 국민행복시대' 를 공약한 '박근혜의 세상을 바꾸는 10가지 약속' 을 얼마나 실천하는가에 달려 있다. 진정 이번 새 대통령은

---

3 연합뉴스, 2013.2.27.

51%의 대통령이 아닌 대한민국 대통령이고, 1%를 위한 대통령이 아닌 99%의 국민을 위한 대통령이어야 한다. 특히 그들이 말하는 나 같은 소위 종북세력을 안아야 한다. 사실 이 땅에는 극소수의 진짜 종북세력이 있을 수 있다. 하지만 이제 그 영향력은 거의 없다고 본다. 그런데도 툭하면 상대방에게 내던지는 '종북세력' 이라는 말 자체가 편을 가르고, 우위에 서려는 '말빚' 임을 부끄러워해야 한다.

이제 박 당선인은 자신을 지지하지 않았던 나를 비롯한 많은 국민이 빨리 5년이 지나가기를 바라게 할 게 아니라 그들에게까지도 행복한 5년이 되게 해줘야 한다. 대립과 불행한 과거는 털어내고 행복과 화합의 새 시대를 열어가야 한다. 국민에게 '좌와 우' '보수와 진보' 등이 무슨 큰 의미가 있겠는가? 국민도 편 가르기에 지쳤다. 국민에게 필요한 건 진정한 자유와 행복이다. 그래서 다시 박 당선인을 향해 염원한다.

'50%대의 지지로 신승했지만, 5년 후 80~90% 이상의 지지를 받으며 떠나는 대통령을 간절히 그립니다.' 라고.[4]

이는 새로 취임한 대통령에 대한 나의 간절한 바람이다. 어디 나뿐만의 간절한 바램이겠는가? 그러나 아쉽게도 새로 취임한 박근혜 대통령은, 역대 퇴임 시 지지율 20%대를 초과하는 선배 대통령의 선례가 없어 대통령의 롤모델이 없다. 사실 우리의 현대

---

4 정병길, 『5년뒤 90% 지지받고 떠나는 대통령 되길』, 매일경제, 2013.1.5. A30면, 필자가 매일경제에 투고하여 게재된 글로 전제함.

정치사를 보면 너무 획일적이고 모순으로 얼룩져 있다. '한국적 민주주의'를 주창하던 시기에는 민주주의의 암흑기였고, '정의사회구현'을 외치던 시기에는 정의가 땅에 떨어졌다. 가장 '도덕적인 정권'이라고 자화자찬하던 시절도 있었던 바, 국민들의 평가는 아마 가장 부도덕한 정권에 가까웠을 것이다.

그러나 다행히 우리에게는 더 큰 자랑할 분이 있다. 바로 그 분, 세종대왕이다. 그 분은 물론 민주국가 대통령은 아니지만 우리 역사에 영원한 롤모델이 될 것이다. 다 아는바와 같이 세종대왕은 훈민정음 창제 등 우리 역사상 가장 위대한 업적을 남겼다. 내가 어찌 짧은 식견과 글 몇 줄로서 그 위대한 분의 사상과 업적을 전할 수 있을까마는 상징적으로 몇 문장만 옮겨보며 되새겨 본다.

나랏말이 중국과 달라 한자와 서로 통하지 아니하므로, 우매한 백성들이 말하고 싶은 것이 있어도 마침내 제 뜻을 표현하지 못하는 사람이 많다.

내가 이를 딱하게 여기어 새로 28자를 만들었으니, 사람들로 하여금 쉬 익히어 날마다 쓰는 데 편하게 할 뿐이다.[5]

출산을 앞둔 여자종은 물론이고 그 남편인 남자종에게도 한 달간의 산휴 휴가를 주어라.[6]

---

5 박한표, 『세종처럼 소통과 헌신의 리더십』 2010. 264쪽

6 위의 책 330쪽

옥(獄)이란 것은 죄 있는 자를 징계하는 것이요, 본의가 사람을 죽게 하자는 것이 아니거늘, 옥을 맡은 관원이 마음을 써서 고찰하지 아니하고 심한 추위와 지는 더위에 사람을 가두어 질병에 걸리게 하고, 혹은 얼고 주려서 비명에 죽게 하는 일이 없지 아니하니, 진실로 가련하고 민망한 일이다. 중앙과 지방의 관리들은 나의 지극한 뜻을 받들어 항상 몸소 상고하고 살피며 옥내를 수리하고 쓸어서 늘 정결하게 할 것이요, 질병 있는 죄수는 약을 주어 구호하고 치료할 것이며, 옥바라지할 사람이 없는 자에게는 관에서 옷과 먹을 것을 주어 구호하게 하라. 그 중에 마음을 써서 거행하지 않는 자는 서울 안에서는 헌부에서, 외방에서는 감사가 규찰하여 다스리게 하라.[7]

훈민정음 창제 동기를 비롯하여 모든 면에서 '우매한 백성'은 물론 죄지은 백성까지 100% 포용하는 그분의 애민정신이 깃들어 있다. 출산 근로자 배우자의 산휴 휴가는 근래에 와서 선진국에서부터 논의되는 얘기들이다. 그런데 세종대왕은 이미 노예에 가까운 종의 복리 후생은 물론 옥중 죄수의 인권까지도 이렇게 세심하고 엄격하게 단속하였다.

합리적인 통솔자와 선정시대, 고금 그러한 시대가 있었던가? 구미 선진국에 비해서도 몇 백 년을 앞서가는 이러한 끝없는 세종대왕의 애민정신은 당대의 시대정신이기도 했다. 이런 애민정신이 근간이 되어 막강한 나라를 만들고 그 위대한 업적을 이루었음

7 앞의 책 417쪽

이 틀림없다. 그래서 그러한 찬란한 업적을 쌓고 앞서가는 시대정신을 만든 그분은 우리에게 영원한 성군이며, 역사의 가장 큰 별로 빛나는 것이다.

이러한 세종정신을 이어받아 친일과 반일, 좌와 우, 영남과 호남, 승과 패를 넘어선 대통합을 이루어내야 한다. 이 정신은 바로 박근혜 대통령이 제18대 대통령선거 후보 시 천명한 약속이다.

5년 후, 박근혜에 대해
국민들은
무엇을 기억하게 될까요?
…(중략)…
지난 반세기 동안 이루지 못한
100% 국민대통합과
국민행복시대를 만들어
대한민국의 기억 속에 오랫동안
남는 박근혜가 되겠습니다.[8]

위 내용은 박근혜 대통령이 후보 시절 국민에게 공표한 약속이다. 박 대통령은 취임 후에도 이 약속을 실천하겠다고 재삼 천명하였다.

원인이야 어떻든 지난 반세기 동안 극심한 대립이 이어져 왔다. 그리하여 승자는 군림하고 패자는 몰리고 몰려 죽음의 행렬이 이

---

8 박근혜 대통령의 후보 시 『제18대 대통령선거 책자형 선거공보』 중에서

어졌다. 패자는 마치 '죽음의 번호표'를 들고 대기 중인 형국이다.

"대통령님, 진정 이번만큼은 '죽음의 번호표'를 '희망의 번호표'로 바꿔 주옵소서. '지난 반세기 동안 이루지 못한 100% 국민 대통합과 국민행복시대'를 꼭 열어 주소서. 그리하여 대한민국의 또 새로운 영원한 등불이 되어 주소서"

이 시대에, 세종대왕께서도 광화문으로 나와 지켜보고 계시고, 세종시도 새로 열렸다. 이제 남은 것은 세종정신을 다시 심어, 빛나는 세종세상을 다시 열어 가는 일이다. 그러한 시대가 다시 열리는 때에 코리아 대한민국은 기필코 동방의 밝은 빛이 되리라.

일찍이 아시아의 황금시대에
빛나던 등불의 하나인 코리아
그 등불 다시 한 번
켜지는 때에
너는 동방의 밝은 빛이 되리라.[9]

---

9 타고르의 시 『동방의 등불』중에서, 김윤배, 『인도의 시성 타고르』, 문화교실, 1992, 39쪽

마치면서

아빠의 길은 고뇌와 고난의 길이다. 일제를 거쳐 한국전쟁을 헤쳐 온 아부지들, 산업화 시대의 역군이라고 자부하던 아버지들, 경쟁에 시달리고 사교육비와 전세 값에 허리가 휘는 젊은 아빠들…….

나는 이 땅의 우울한 아빠들의 군상을 많이 만나 보았다. 고난의 길을 마치고 이미 가신 이도 많지만, 지금 이 땅을 남은 이들 또한 멍에가 너무 무겁다. 많은 삶이 무너지고 있다. 나도 그중 한 사람이라는 것을 부인할 수 없다.

그들의 고단한 삶에서 절규를 듣고 좋은 길을 찾아보고자 했다. 나는 오천만인 중의 한 사람으로서 작은 길을 찾아 나섰고, 더 좋은 길잡이들이 많이 나오기를 기대한다. 특히 장수시대로 접어들면서 일자리가 복지의 큰 대안이라는 점 때문에, 일자리 얘기가 다소 많다. 내 하나의 생각이나 힘은 미미하지만 다수가 좋은 방향을 지향하여 나가고자한다면 시냇물이 합쳐 도도한 큰 강물을 이루 듯 큰 힘을 만들어 낼 수 있을 것이다.

갈수록 살기가 팍팍해지자 권력의 그늘에 숨고, 부패에 둔감해지며 이에 합류하는 경향이 심하다. 이를 탈피하지 못하면 우리는 선진국 진입은 구호에 그치고, 후손들에게는 희망이 없다. 눈 앞의 작은 이익 때문에 국가의 선진화와 후손의 미래를 그르칠 수는 없다.

점점 무너져가는 이 시대의 아빠들. 이제는 이 아빠들도 부탁한다. 아이와 아내에게, 사회와 국가에게 그리고 우리 사회의 지도자들에게 이 아빠들을 부탁하는 것이다. 여기서 아빠란 상징적인 언어에 불과하다. 할아버지 할머니 아버지 어머니 그리고 미래에 부모가 될 자녀들 모두를 말하는 것이기도 하다. 바로 우리 사회 구성원 모두를 말하는 것이기도 한 것이다. 그래서 서로가 서로에게 부탁해야 하는 것이다.

나는 이 책을 지난 2012년에 발간하려고 계획했다. 그런데 출판사와 교섭하는 중 새 정권으로 바뀌었다. 짧은 기간에 큰 변화가 있어, 다소 수정 보완을 해야 했다. 내 글은 심오한 글이 아닌 상식적인 얘기들이다. 허나 결코 간과해서는 안 될 얘기들이기도 하다.

당초 가족 공동 집필을 의도했으나, 여건상 필자가 주가 되고 가족은 응원글로 실었다.

다시 한 번 이 시대의 아빠들을, 이 세상의 서로를 부탁하는 것이다.

이젠 아빠를 부탁해 / 지은이: 정병길. -- 서울 : 비움과
채움, 2013
p. ; cm

ISBN 978-89-93104-29-5 03300 : ₩12000

아버지[父]
남성학[男性學]

337.8-KDC5
305.31-DDC21 CIP2013006029

이젠 아빠를 부탁해

펴낸날 2013년 6월 25일 2판1쇄 펴냄

지은이 정병길 (가족 응원글: 임화자, 정용호, 정상훈)

펴낸이 현상선

펴낸곳 도서출판 비움과 채움

주 소 (우) 132-792) 서울시 도봉구 창4동 807 쌍용상가 213호

전 화 02-999-0053

전 송 02-998-3622

전자주소 ranto@hanmail.net

ISBN 978-89-93104-29-5 03300

값 12000원

이 도서의 국립중앙도서관 출판시도서목록(CIP)은 서지정보유통지원시스템 홈페이지(http://seoji.nl.go.kr)와 국가자료공동목록시스템(http://www.nl.go.kr/kolisnet)에서 이용하실 수 있습니다.(CIP제어번호: CIP2013006029)